LegalTech Turbo

Ruta de Transformación Digital e Inteligencia Artificial para Firmas Legales

Ricardo "Richie" Hernández

AGRADECIMIENTOS

Se dice que entre los objetivos vitales de una persona, escribir un libro ocupa un lugar especial. Hoy, al ver esta obra publicada, siento una profunda gratitud por haber alcanzado esta meta, la primera de muchas, espero. A lo largo de mi travesía por este planeta, he tenido la fortuna de cumplir varios sueños, y este libro se suma a esa lista.

Quiero comenzar agradeciendo a quienes son mi mayor fuente de inspiración y energía: **mis hijos, Yare, Hasen e Itza**. Es curioso cómo, siendo padres, a veces creemos que debemos ser la inspiración para nuestros hijos, pero al reflexionar, son ellos quienes nos impulsan día a día, en cada momento, a seguir adelante y a dar lo mejor de nosotros. Gracias, mis amores, por ser esa fuerza constante en mi vida.

A mi **mamá**, que aunque ya hace algunos años no está físicamente conmigo, fue una mujer emprendedora, de espíritu positivo, que jamás se rindió ante nada. Sin duda, me dejó marcado el ejemplo de no rendirme nunca, incluso cuando las circunstancias no fueran las más óptimas. Ella siempre será mi ejemplo de vida. A mi **papá**, gracias.

A mi **familia**, mi gente querida, los quiero mucho. Esas salidas en moto con mi primo, la deliciosa comida que siempre nos consiente mi tía, el empuje constante de mis primas, siempre buscando nuevas oportunidades para emprender... Ustedes son un motor que me impulsa sin cesar. Y en general a todos, a todos ustedes familia gracias.

A mi **compañera** de vida, gracias por motivarme siempre a buscar mi mejor versión. Tus consejos para materializar todo el conocimiento adquirido a lo largo de mi carrera fueron la chispa que encendió la visión para crear este libro, el primero de una serie dedicada a la transformación digital y la inteligencia artificial aplicadas a diversas actividades empresariales.

A mi **mentor**, gracias por más de una década de guía y enseñanzas en la búsqueda de la excelencia profesional, siempre con honradez y ética. Juntos vivimos momentos desafiantes y enriquecedores durante la elaboración de diversos proyectos de investigación y consultoría en este ramo, y sus lecciones me acompañan hasta hoy en mi camino como emprendedor y empresario.

A mis **amigos**... qué puedo decir... al buscar el primer tema para esta serie de libros, no pude evitar notar que la gran mayoría de mis amigos de la preparatoria, una época tan feliz y memorable, son ahora grandes abogados. Muchas gracias por esos momentos que difícilmente se repetirán y que fueron una gran fuente de inspiración para escribir sobre esta actividad empresarial. A esos chamacos de la UP que a la fecha siguen apoyando. Y en general, a todos mis amigos, gracias por su compañía a lo largo de estos años.

Finalmente, mi agradecimiento a todos los empresarios y emprendedores con quienes he tenido la oportunidad de interactuar. Cada reunión de trabajo, cada encuentro casual, cada charla de café, me han alimentado día a día, impulsándome a tener una mayor conciencia de cómo ayudar más y mejor en este camino del emprendimiento, un camino que, sin duda, tiene muchos obstáculos, pero donde cada uno de ellos es una gran escuela de resiliencia y un impulso para levantarse una y otra vez.

En resumen, a todos... **¡Gracias totales!**

INTRODUCCIÓN

El sector legal, tradicionalmente percibido como uno de los más conservadores y resistentes al cambio, se encuentra actualmente en un punto de inflexión sin precedentes a nivel global. La confluencia de dos fuerzas transformadoras —la Transformación Digital (TD) y la Inteligencia Artificial (IA)— está redefiniendo no solo cómo operan los grandes conglomerados legales internacionales, sino también, y de manera crucial, las oportunidades, amenazas y desafíos que enfrentan los despachos de abogados micros y pequeños. Esta evolución no es una simple tendencia pasajera; es una reconfiguración estructural que afecta desde los modelos de negocio hasta la interacción diaria con los clientes.

En América Latina (LATAM), una región caracterizada por su dinamismo, diversidad económica y jurídica, así como por sus particularidades socioculturales, estas tecnologías emergen como una vía extraordinariamente prometedora para que las firmas más pequeñas mejoren su eficiencia interna, incrementen su competitividad frente a actores más grandes, y eleven la calidad y la personalización de los servicios ofrecidos a sus clientes. La Transformación Digital y la Inteligencia Artificial no representan únicamente herramientas para la modernización; se están convirtiendo en auténticos habilitadores estratégicos que permiten a las micro y pequeñas firmas legales redefinir su propuesta de valor y ampliar sus horizontes de mercado.

Este libro práctico ha sido diseñado específicamente pensando en los líderes, socios, fundadores y gestores de micro y pequeños despachos de abogados en LATAM, conscientes de que cada recurso invertido debe ser altamente eficiente y alineado al crecimiento sostenible. El objetivo central de esta obra es desmitificar los conceptos de Transformación Digital e Inteligencia Artificial, explicar de forma clara y accesible su relevancia tanto en el contexto global como en el específico de nuestra región, detallar minuciosamente los beneficios tangibles y los retos estratégicos que implican para firmas de menor tamaño, y finalmente, ofrecer una hoja de ruta clara, accionable y adaptada a la realidad latinoamericana para su adopción.

Más que presentar teoría, esta guía busca proporcionar un entendimiento profundo, acompañado de ejemplos prácticos y herramientas concretas, para que cualquier despacho, sin importar su tamaño actual, pueda navegar con éxito esta nueva era tecnológica. La finalidad última es lograr que la Inteligencia Artificial y la Transformación Digital no sean vistas como amenazas inalcanzables o complicadas, sino como aliados estratégicos poderosos, capaces de impulsar el crecimiento, la innovación, la eficiencia y la sostenibilidad de los despachos de abogados micros y pequeños en América Latina.

Capítulo 1

Comprendiendo la Transformación Digital y la Inteligencia Artificial

¿Qué es la Transformación Digital y la Inteligencia Artificial?

Para embarcarse de manera efectiva en este viaje, es fundamental comprender con claridad los conceptos centrales que lo sustentan. Estos conceptos claro que representan tendencias tecnológicas, pero su importancia radica en ser verdaderos motores de cambio profundo que redefinen el panorama legal y empresarial contemporáneo.

Transformación Digital (TD):

La Transformación Digital no es simplemente escanear documentos o usar correo electrónico en las operaciones diarias. Se trata de la incorporación integral, estratégica y transversal de tecnologías digitales en todas las áreas, procesos y modelos de un despacho de abogados. No es únicamente digitalizar lo analógico o mejorar procesos existentes mediante tecnología; implica un replanteamiento fundamental y disruptivo de cómo el despacho opera, interactúa con sus clientes, colabora internamente y entrega valor a la sociedad. Es utilizar el poder de las tecnologías emergentes para rediseñar las experiencias de clientes, optimizar los flujos de trabajo internos y crear nuevos modelos de negocio que antes eran impensables.

Las capacidades clave habilitadas por la Transformación Digital incluyen la modernización completa de la infraestructura tecnológica (*por ejemplo, la migración a servicios en la nube que otorgan flexibilidad, escalabilidad y seguridad*), la gestión avanzada y análisis de grandes volúmenes de datos (*Big Data*) para obtener información estratégica accionable, la mejora continua de la colaboración interna y externa mediante herramientas digitales innovadoras, la automatización inteligente de procesos para ganar eficiencia y consistencia, y un enfoque renovado, mucho más centrado en la experiencia del cliente. Además, la TD promueve un cambio cultural fundamental: trasladar el enfoque organizacional de procesos manuales hacia un ecosistema dinámico centrado en datos y resultados, permitiendo así una toma de decisiones más informada y ágil.

Para los despachos de abogados, la Transformación Digital se traduce en integrar tecnología en todos los aspectos de las operaciones jurídicas, desde la atracción y gestión de clientes hasta la administración de casos, facturación electrónica, cumplimiento regulatorio y comunicación interna, buscando siempre mejorar la eficiencia, la calidad del servicio, y la rentabilidad, sin perder de vista la dimensión ética y humana de la práctica legal.

Inteligencia Artificial (IA):

La Inteligencia Artificial se refiere a la capacidad de las máquinas, sistemas informáticos y software especializado para realizar tareas que normalmente requerirían inteligencia humana, tales como aprender de la experiencia, resolver problemas, interpretar patrones, comprender lenguaje natural, y tomar decisiones autónomas o semiautónomas. A nivel práctico, la Inteligencia Artificial se materializa como un conjunto de tecnologías basadas principalmente en el aprendizaje automático (*Machine Learning*), el aprendizaje profundo (*Deep Learning*), el procesamiento de lenguaje natural (*NLP*) y la visión por computadora.

Es importante distinguir entre dos tipos principales de IA: la Inteligencia Artificial Débil o Estrecha, diseñada para ejecutar tareas específicas de manera eficiente (*como asistentes de voz, chatbots legales, sistemas de recomendación, herramientas de análisis de documentos legales o aplicaciones de traducción automática*), y la Inteligencia Artificial General (*AGI*), que hipotéticamente tendría la capacidad de pensar y actuar de forma similar a un humano en una amplia gama de tareas intelectuales, pero que actualmente sigue siendo un concepto teórico y no se ha materializado.

Las capacidades fundamentales de la IA incluyen la automatización de tareas tanto digitales como físicas, la reducción de errores humanos en procesos repetitivos y críticos, el procesamiento veloz y análisis inteligente de grandes volúmenes de información, el reconocimiento de patrones complejos en datos estructurados y no estructurados, la comprensión y generación de lenguaje natural (en formatos de texto, voz e imagen), el reconocimiento de imágenes y documentos, así como la realización de análisis predictivos que permiten anticipar tendencias o resultados futuros.

En el contexto específico de los despachos de abogados, la relevancia de la Inteligencia Artificial es cada vez más tangible y estratégica. La IA tiene el potencial de analizar de manera eficiente vastas cantidades de información legal —como jurisprudencia, contratos, dictámenes, legislación y expedientes—, automatizar tareas laboriosas y repetitivas como la revisión documental o la investigación jurídica preliminar, sugerir estrategias procesales basadas en análisis predictivo, y en general, mejorar drásticamente tanto la eficiencia operativa como la precisión y calidad del trabajo jurídico.

Comprender que la tecnología no es un reemplazo, es importante tenerlo muy claro; más bien, potencia las capacidades profesionales. La IA permite a los abogados enfocarse en el pensamiento crítico, la estrategia y la empatía. Mientras tanto, las tareas repetitivas o de bajo valor agregado se delegan a sistemas automatizados.. Esta sinergia adecuada entre el talento humano y la inteligencia de las máquinas define la práctica legal del futuro inmediato.

La Transformación Digital y la Inteligencia Artificial no son conceptos aislados: están intrínsecamente interconectados. La TD proporciona la infraestructura digital, la cultura basada en datos y la conectividad necesarias para que la IA funcione eficazmente. A su vez, la IA habilita niveles más profundos de automatización, análisis y personalización que transforman la experiencia del cliente y el modelo operativo de las firmas legales. Para los despachos de abogados micros y pequeños, comprender esta interrelación es vital: adoptar IA no es simplemente implementar software, sino también construir el ecosistema organizacional y cultural que permita maximizar su impacto positivo en la práctica legal cotidiana.

Breve historia y evolución de la Transformación Digital y la Inteligencia Artificial

Comprender la trayectoria histórica de estas tecnologías ayuda a contextualizar su estado actual y su potencial futuro. Tanto la Transformación Digital (TD) como la Inteligencia Artificial (IA) han evolucionado a lo largo de décadas, impulsadas por avances tecnológicos, cambios sociales y necesidades empresariales crecientes. Hoy, más que conceptos de moda, representan pilares fundamentales para la innovación y la competitividad en todos los sectores, incluido el legal.

Evolución de la Transformación Digital.

Aunque el término es relativamente reciente, sus raíces se hunden profundamente en la historia tecnológica. Podemos rastrear sus precursores desde el desarrollo del sistema binario en el siglo XVII y las sucesivas Revoluciones Industriales que mecanizan y electrifican la producción.

Figura 1: Etapas de la transformación tecnológica

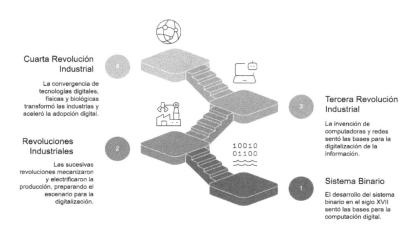

La **Tercera Revolución Industrial**, marcada por la invención de las computadoras electrónicas (*como ENIAC en los años 40*), el desarrollo de los circuitos integrados en los 50, la creación de las redes precursoras de Internet como ARPANET en los 60, la popularización de las microcomputadoras personales en los 70 y 80 (*como la Apple II*), y la invención de la World Wide Web a finales de los 80 y principios de los 90, sentó las bases indispensables para la digitalización de la información y la comunicación global.

La **Cuarta Revolución Industrial o Era Digital**, que emerge con fuerza alrededor de 2010, representa la convergencia de tecnologías digitales (*nube, Big Data, IA, redes sociales*), físicas (*IoT, robótica, impresión 3D*) y biológicas (*biotecnología*). Este período se caracteriza por un enfoque en la automatización, el análisis de datos masivos, la conectividad ubicua, la experiencia del cliente y la creación de nuevos modelos de negocio digitales. La pandemia de COVID-19 actuó como un catalizador sin precedentes, acelerando drásticamente la adopción de herramientas y prácticas digitales en todos los sectores.

Evolución de la Inteligencia Artificial

Los conceptos fundamentales de la Inteligencia Artificial tienen raíces filosóficas y matemáticas antiguas, como la lógica de Boole (*1854*) o el concepto de algoritmo formalizado por Alan Turing (*1936*). Turing, con su famoso artículo de 1950 "¿Pueden pensar las máquinas?" y la propuesta del Test de Turing, sentó las bases para el campo. Ese mismo año, Claude Shannon desarrolló un ratón robótico capaz de aprender a navegar un laberinto, un ejemplo temprano de aprendizaje automático.

El **nacimiento formal de la Inteligencia Artificial como disciplina** se sitúa en la Conferencia de Dartmouth de 1956, donde John McCarthy acuñó el término. Los años siguientes vieron desarrollos tempranos como el Perceptrón (*una red* *neuronal artificial pionera, 1957-58*), el primer robot industrial Unimate (*1961*), y el primer chatbot ELIZA (*1964*). Sin embargo, las limitaciones computacionales y las expectativas infladas llevaron al llamado "Invierno de la IA" en los años 70 y principios de los 80, un período de menor financiación e interés.

El **resurgimiento** comenzó en los 80 con avances en Machine Learning y Sistemas Expertos. Hitos clave marcaron el progreso: la victoria de Deep Blue de IBM sobre Kasparov en ajedrez (*1997*) demostró la capacidad de las máquinas en tareas intelectuales complejas. La victoria de Watson de IBM en Jeopardy! (*2011*) mostró avances en Procesamiento de Lenguaje Natural (*PLN*). La aparición de asistentes virtuales como Siri (*2011*) llevó la Inteligencia Artificial a los consumidores. Avances en redes neuronales profundas (*Deep Learning*), como AlexNet (*2012*), impulsaron el reconocimiento de imágenes. La victoria de AlphaGo sobre el campeón mundial de Go (*2016*) demostró el poder del aprendizaje profundo y por refuerzo. El desarrollo de arquitecturas como los Transformers (*2017*) revolucionó el Procesamiento de Lenguaje Natural, culminando en el auge reciente de la Inteligencia Artificial **Generativa** con modelos como ChatGPT (*lanzado en 2022*) y Google Bard (*ahora Gemini*), capaces de crear contenido nuevo (*texto, imágenes, código*).

La historia revela una evolución paralela pero convergente. Los avances en computación, internet y la generación masiva de datos fueron prerrequisitos esenciales para que las ideas y algoritmos de Inteligencia Artificial pudieran implementarse y escalar eficazmente. La IA, a su vez, está ahora impulsando la siguiente ola de Transformación Digital, permitiendo niveles de automatización, análisis y personalización antes impensables. Para este sector, esta historia significa que la Inteligencia Artificial no es una moda pasajera, sino la culminación de décadas de progreso tecnológico que ahora se vuelve accesible y aplicable.

Figura 2: Evolución de la Inteligencia Artificial

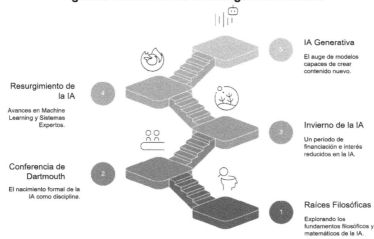

IA Generativa

El auge de modelos capaces de crear contenido nuevo.

Resurgimiento de la IA

Avances en Machine Learning y Sistemas Expertos.

Invierno de la IA

Un período de financiación e interés reducidos en la IA.

Conferencia de Dartmouth

El nacimiento formal de la IA como disciplina.

Raíces Filosóficas

Explorando los fundamentos filosóficos y matemáticos de la IA.

¿Por qué es importante hoy?

La adopción de la Transformación Digital y la Inteligencia Artificial ya no es una opción futurista, sino una necesidad estratégica presente para los despachos de abogados, incluidos los micros y pequeños. Varias razones fundamentales subrayan esta importancia:

Imperativo de Competitividad

En un mercado legal cada vez más globalizado y tecnológicamente avanzado, la Transformación Digital se ha vuelto indispensable para la supervivencia y la competitividad. Los despachos que no innovan y no adoptan nuevas tecnologías corren el riesgo real de perder eficiencia, rentabilidad y, en última instancia, clientes frente a competidores más ágiles. Las expectativas de los clientes han cambiado; ahora demandan servicios más rápidos, transparentes y accesibles digitalmente.

Optimización Radical de la Eficiencia

La Transformación Digital y, en particular, la IA, ofrecen herramientas poderosas para automatizar tareas rutinarias y repetitivas que consumen una cantidad significativa de tiempo y recursos, especialmente en despachos pequeños. La automatización de la revisión de documentos, la investigación legal básica, la gestión de agendas y la facturación, entre otros, libera a los abogados para que puedan concentrarse en tareas de mayor valor añadido, como la estrategia legal, el análisis complejo y la interacción directa con el cliente. Adicionalmente de aumentar la productividad, también reduce la probabilidad de errores humanos.

Mejora Sustancial del Servicio al Cliente

La tecnología permite ofrecer una experiencia al cliente más personalizada, proactiva y satisfactoria. Herramientas como los portales de clientes, los chatbots para consultas básicas y la comunicación omnicanal mejoran la accesibilidad y la transparencia. La Inteligencia Artificial puede ayudar a analizar datos de clientes para comprender mejor sus necesidades y personalizar la comunicación y los servicios.

Figura 3: Beneficios de la Transformación Digital e Inteligencia Artificial

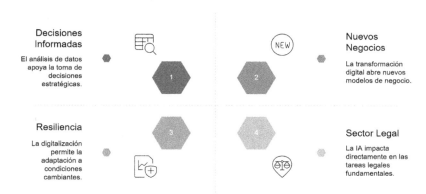

Toma de Decisiones Informadas.

La Transformación Digital facilita la recopilación y gestión de grandes volúmenes de datos operativos y de casos. La Inteligencia Artificial y las herramientas de análisis avanzado permiten extraer información valiosa (*insights*) de estos datos, apoyan una toma de decisiones más estratégica y fundamentada, tanto en la gestión del despacho como en la estrategia de los casos.

Nuevas Oportunidades de Negocio.

La Transformación Digital y la Inteligencia Artificial abren puertas a nuevos modelos de negocio (*servicios legales por suscripción*), el desarrollo de productos digitales (*generadores de documentos automatizados*), y la expansión a nuevos mercados geográficos o nichos de especialización. Para LATAM, la Inteligencia Artificial representa una oportunidad significativa para mejorar la productividad en el sector servicios y atraer inversiones.

Resiliencia y Adaptabilidad.

La digitalización demostró ser crucial durante la pandemia, permitiendo a las empresas adaptarse al trabajo remoto y a las cambiantes condiciones del mercado. Un despacho digitalmente maduro es intrínsecamente más resiliente y capaz de adaptarse a futuras crisis o disrupciones.

Relevancia Específica en el Sector Legal.

La Inteligencia Artificial está impactando directamente tareas centrales de la abogacía, como la investigación, la redacción de documentos, el análisis de contratos, la gestión de casos y la predicción de resultados. Un alto porcentaje de profesionales legales ya utiliza Inteligencia Artificial (*79% en 2024 según un estudio*) y la mayoría espera un impacto transformador en los próximos cinco años. Quedarse al margen ya no es una opción viable.

Para los despachos de abogados en LATAM, la importancia de comprender y adoptar la Transformación Digital y la Inteligencia Artificial se magnifica de manera crítica en el contexto actual. Estas tecnologías no representan simplemente una evolución opcional o un lujo reservado para grandes firmas con amplios recursos; se han convertido en herramientas estratégicas fundamentales para asegurar la supervivencia, el crecimiento sostenible y la competitividad a largo plazo.

La Transformación Digital y la Inteligencia Artificial ofrecen a los despachos de menor tamaño una oportunidad histórica para nivelar el campo de juego frente a actores más grandes y establecidos. Al automatizar tareas rutinarias que tradicionalmente consumen una gran proporción del tiempo limitado disponible —como la gestión documental, la búsqueda de jurisprudencia, la atención inicial al cliente y la administración de plazos—, estas tecnologías permiten liberar valiosas horas de trabajo que pueden ser redirigidas hacia actividades de mayor valor estratégico, como la planificación de casos, la negociación, la innovación de servicios y la construcción de relaciones más profundas con los clientes.

Además, la disponibilidad de herramientas de análisis e investigación jurídica potenciada por IA —antes reservadas exclusivamente para grandes firmas que podían costear bases de datos y sistemas costosos— democratiza el acceso al conocimiento jurídico avanzado. Esto permite a los micro y pequeños despachos ofrecer asesoría de calidad comparable, reducir los márgenes de error humano, tomar decisiones más informadas y construir estrategias jurídicas más sólidas y basadas en datos.

La Transformación Digital también amplía las fronteras comerciales tradicionales. A través del marketing digital jurídico, la automatización de la captación de clientes, la implementación de servicios en línea y la prestación de asesorías virtuales, los pequeños despachos pueden expandir su alcance geográfico y atender a clientes de distintas regiones sin necesidad de una infraestructura física costosa. Esta nueva estructura de empresas apoya las estrategias para diversificar las fuentes de ingresos, mitigar riesgos económicos locales y abre la puerta a nuevos mercados.

Ignorar hoy el potencial de la TD y la IA implica perder una oportunidad de mejora continua y arriesga seriamente la viabilidad futura del despacho frente a una competencia que, inevitablemente, será más ágil, eficiente y tecnológicamente avanzada. Los cambios estructurales impulsados por la tecnología en el sector legal no se detendrán; los clientes, cada vez más informados y exigentes, buscarán soluciones rápidas, eficientes, personalizadas y a precios competitivos, condiciones que difícilmente podrá ofrecer quien permanezca anclado a modelos de operación tradicionales.

La adopción estratégica y gradual de la Transformación Digital y la Inteligencia Artificial es, por lo tanto, no únicamente recomendable, es crítica para garantizar la sostenibilidad económica, fortalecer la posición competitiva, mejorar la experiencia del cliente y construir un despacho más resiliente y preparado para afrontar los retos del mercado legal latinoamericano del presente y del futuro cercano. Quienes comprendan esta realidad y actúen con decisión y visión podrán adaptarse, prosperar y liderar la nueva era jurídica impulsada por la tecnología.

📌 Qué aprendiste:

La Transformación Digital (TD) implica la integración estratégica de tecnologías digitales para rediseñar operaciones, mejorar la experiencia del cliente y crear nuevos modelos de negocio en despachos de abogados.

La Inteligencia Artificial (IA) se refiere a la capacidad de las máquinas para realizar tareas que requieren inteligencia humana, como aprender, resolver problemas y tomar decisiones. En el ámbito legal, la IA puede analizar información, automatizar tareas y mejorar la eficiencia.

La TD y la IA tienen una historia evolutiva paralela, con la TD proporcionando la infraestructura para la IA. Su adopción actual es crucial para la competitividad, eficiencia, servicio al cliente, toma de decisiones informada y nuevas oportunidades de negocio en el sector legal, especialmente en LATAM.

● Pregunta estratégica:

¿Cuáles son los tres procesos más ineficientes o que generan mayor frustración en nuestro despacho, y cómo podríamos empezar a explorar soluciones de automatización o IA para abordarlos en los próximos seis meses?

Capítulo 2

Contexto global actual en Despachos de Abogados

La adopción de la Transformación Digital y la Inteligencia Artificial no ocurre en el vacío. Es parte de una tendencia global que está remodelando la industria legal a un ritmo acelerado. Comprender este contexto es esencial para que los despachos latinoamericanos puedan posicionarse estratégicamente.

La industria legal, a menudo percibida como resistente al cambio, está inmersa en un proceso de transformación digital significativo. Impulsada por la presión de los clientes por mayor eficiencia y transparencia, la necesidad interna de optimizar operaciones y la creciente disponibilidad de tecnologías potentes y accesibles, la digitalización ya no es una opción sino una necesidad competitiva.

Como ya se ha mencionado antes, un pilar fundamental de esta transformación es la **automatización**. Inicialmente, esto se manifestó en la digitalización de documentos y la automatización de tareas administrativas básicas como la facturación, el agendamiento y la gestión simple de expedientes. Sin embargo, la **Inteligencia Artificial está llevándola a un nivel cualitativamente superior**, introduciéndola como "automatización inteligente".

La Inteligencia Artificial permite automatizar tareas que **requieren capacidades cognitivas avanzadas**, ofreciendo un apoyo crucial para la optimización de operaciones dentro de los despachos legales. Estas capacidades incluyen:

Figura 4. Beneficio actual de la Transformación Digital e INteligencia Artificial a Nivel Global

Automatización   Investigación Jurídica   Análisis Predictivo

Análisis de Documentos   Generación de Borradores

Análisis y revisión de documentos legales.

La IA puede procesar, analizar y comprender grandes volúmenes de contratos, convenios, expedientes y otros documentos legales, identificando cláusulas clave, evaluando riesgos potenciales, detectando inconsistencias o extrayendo información crítica en una fracción del tiempo que un profesional humano requeriría. Este análisis ahorra tiempo, incrementa la precisión y disminuye los errores.

Investigación jurídica avanzada.

Las IA está revolucionando la forma en que se realiza la investigación jurídica. Hoy en día, pueden buscar, filtrar y sintetizar jurisprudencia, legislación, doctrina y opiniones legales relevantes de forma más rápida, exhaustiva y estratégica que los métodos tradicionales de investigación manual. Esto reduce significativamente el tiempo de respuesta ante necesidades legales urgentes y mejora la calidad de las estrategias procesales.

Generación de borradores de documentos.

IA generativa, apoyada en sistemas de lenguaje natural, tiene la capacidad de crear primeros borradores de documentos legales estándar —como contratos, demandas, contestaciones, comunicaciones formales— basados en plantillas predefinidas o en instrucciones específicas proporcionadas por los usuarios. Esto permite a los abogados centrarse en la personalización y estrategia, en lugar de partir desde cero en cada documento.

Análisis predictivo.

Algoritmos de Inteligencia Artificial entrenados con datos históricos de litigios, fallos judiciales y tendencias de mercado pueden realizar análisis predictivos para estimar probabilidades de éxito, evaluar riesgos legales, anticipar obstáculos procesales y ofrecer recomendaciones estratégicas basadas en datos empíricos. Esto otorga a los abogados una ventaja analítica significativa para la toma de decisiones estratégicas informadas.

Esta combinación de Transformación Digital (*infraestructura digital sólida, modernización de la gestión de datos*) y potenciada por Inteligencia Artificial está generando impactos profundos y disruptivos en los despachos de abogados a nivel global:

Figura 5. Impacto actual de la Transformación Digital e INteligencia Artificial a Nivel Global

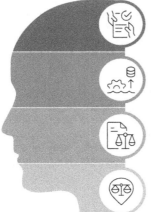

Aumento de la Productividad

Reducción de tiempo y eficiencia mejorada en tareas legales

Reducción de Costos Operativos

Optimización de recursos y disminución de gastos

Mejora de la Calidad y Precisión

Mayor consistencia y detección de errores

Reenfoque Estratégico

Concentración en tareas de alto valor y construcción de relaciones

Aumento drástico de la productividad.

Se reportan reducciones de tiempo exponenciales en tareas específicas, como pasar de 16 horas a minutos para responder a una demanda o reducir el tiempo de revisión de contratos hasta en un 90%. Asimismo, se estima un ahorro potencial promedio de 4 horas semanales por profesional legal, lo que libera tiempo para actividades de mayor valor añadido.

Reducción de costos operativos.

La eficiencia obtenida a través de la automatización permite optimizar recursos (*por ejemplo, menos papel, menos necesidad de servidores locales, menos espacio físico*) y disminuir la frecuencia de errores costosos, reduciendo considerablemente los costos operativos generales de los despachos.

Mejora de la calidad y precisión.

La Inteligencia Artificial puede superar al ser humano en términos de consistencia, exhaustividad y detección de errores en tareas repetitivas y de alta demanda cognitiva, aumentando la calidad de los servicios jurídicos y fortaleciendo la confianza de los clientes.

Reenfoque estratégico.

Al liberar a los abogados de tareas rutinarias y administrativas de bajo valor, se les permite concentrarse en actividades que verdaderamente requieren juicio crítico, creatividad, empatía y construcción de relaciones estratégicas con los clientes, aspectos donde el valor humano es insustituible.

No hay que olvidar que la automatización básica —sin Inteligencia Artificial— de **procesos fundamentales es a menudo el primer paso indispensable** en el camino hacia la Transformación Digital de cualquier despacho. La IA se construye sobre esta base de procesos digitalizados, abordando tareas de análisis más complejas y desbloqueando un potencial transformador aún mayor.

Para un micro o pequeño despacho, esta ruta sugiere una adopción escalonada e inteligente: iniciar con la digitalización y automatización de procesos esenciales (*como la gestión documental, la facturación electrónica, la programación de citas*), establecer una cultura de mejora continua basada en datos, y posteriormente, incorporar progresivamente soluciones de Inteligencia Artificial más sofisticadas, asegurando así una evolución tecnológica sólida, sostenible y adaptada a las capacidades de cada organización.

Tendencias

El panorama de la tecnología legal está en constante evolución. Observar las tendencias globales ayuda a anticipar los cambios y a tomar decisiones informadas sobre la adopción tecnológica. Las tendencias clave para 2024-2025 y los próximos cinco años incluyen:

Figura 6. Tendencias de Tecnología Legal

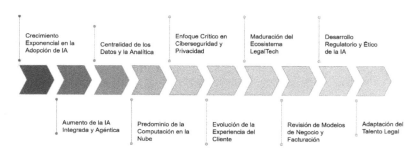

Aceleración Exponencial de la Adopción de IA.

El uso de Inteligencia Artificial en el sector legal ha pasado de ser una novedad a una herramienta cada vez más integrada. Estudios recientes muestran un salto drástico en la adopción (*de 19% a 79% de profesionales usando Inteligencia Artificial en un año*). La Inteligencia Artificial generativa (*GenAI*), en particular, está pasando rápidamente de la fase de experimentación a la implementación en flujos de trabajo diarios para tareas como redacción, investigación y resumen. Se proyecta un crecimiento robusto y continuo del mercado global de Inteligencia Artificial legal en los próximos años (*CAGR >17%*).

IA Integrada (*"Embebida"*) y Agéntica.

La tendencia se aleja de herramientas de Inteligencia Artificial aisladas hacia capacidades de Inteligencia Artificial integradas directamente en las plataformas que los abogados ya utilizan, como sistemas de gestión documental (*DMS*) o software de gestión de prácticas. Esto reduce la fricción y facilita la adopción. Además, se anticipa el auge de los "agentes de IA" (*agentic AI*), sistemas capaces de realizar secuencias de tareas más complejas de forma autónoma o semiautónoma, actuando como asistentes virtuales proactivos.

Automatización de Flujos de Trabajo Completos.

Esta actividad se vuelve más sofisticada, abarcando procesos de negocio de principio a fin (*end-to-end*). Ejemplos destacados son la Gestión del Ciclo de Vida del Contrato (*CLM*), que utiliza Inteligencia Artificial para optimizar desde la creación hasta la renovación, y mejorar diversas fases de la gestión de litigios sin intervención humana.

Centralidad de los Datos y la Analítica.

El valor estratégico de los datos es cada vez más reconocido. Se intensifica el uso de la analítica predictiva para estimar resultados de casos, evaluar riesgos, informar estrategias de litigio o negociación, e incluso optimizar la gestión del despacho. Esto refuerza la importancia de una gestión de datos eficaz y segura.

Predominio de la Nube.

La computación en la nube sigue siendo la infraestructura fundamental que habilita la TD, ofreciendo escalabilidad, flexibilidad, acceso remoto y facilitando la integración de nuevas tecnologías como la IA. La migración de sistemas locales a la nube es una tendencia dominante, con una mayoría de firmas planeando actualizar o adoptar DMS basados en la nube.

Foco Crítico en Ciberseguridad y Privacidad.

Con la creciente digitalización y el valor de los datos legales, la ciberseguridad se convierte en una prioridad absoluta. El cumplimiento de regulaciones de protección de datos (*como GDPR en Europa, LGPD en Brasil, CCPA en California, y normativas emergentes en otros países de LATAM*) es mandatorio. La Inteligencia Artificial introduce nuevos vectores de riesgo (*fugas de datos a través de prompts, seguridad de modelos*) que deben gestionarse cuidadosamente.

Evolución de la Experiencia del Cliente:

La expectativa de los clientes por interacciones digitales fluidas, rápidas y personalizadas sigue creciendo. Esto impulsa la adopción de portales de clientes seguros, chatbots para atención 24/7, herramientas de agendamiento online y estrategias de comunicación omnicanal.

Maduración del Ecosistema LegalTech:

El mercado de LegalTech continúa expandiéndose y consolidándose a nivel global y también en LATAM. Se observa una mayor colaboración entre firmas de abogados, startups tecnológicas y departamentos legales corporativos para impulsar la innovación. Surgen plataformas más integradas que combinan diversas funcionalidades.

Revisión de Modelos de Negocio y Facturación:

La eficiencia aportada por la Inteligencia Artificial está ejerciendo una presión significativa sobre el tradicional modelo de facturación por horas. Se observa una tendencia creciente hacia modelos alternativos como tarifas fijas, precios basados en el valor entregado, o suscripciones, que se alinean mejor con la eficiencia tecnológica.

Desarrollo Regulatorio y Ético de la IA:

Gobiernos y organismos profesionales a nivel mundial están trabajando activamente en la creación de marcos regulatorios y guías éticas para el desarrollo y uso responsable de la Inteligencia Artificial (*Ley de Inteligencia Artificial de la UE, recomendaciones de la UNESCO, directrices de colegios de abogados*). Este es un campo en rápida evolución que requiere atención constante.

Adaptación del Talento Legal:

Se reconoce la necesidad crítica de que los abogados desarrollen nuevas competencias: comprensión básica de la tecnología y la IA, habilidades analíticas para interpretar datos y evaluar resultados de IA, adaptabilidad al cambio y enfoque en habilidades interpersonales y estratégicas. También surgen nuevos roles especializados en la intersección del derecho y la tecnología.

Tendencias Específicas en LATAM:

Si bien las tendencias globales resuenan en LATAM, el ritmo y la forma de adopción están marcados por el contexto regional:

Figura 7. Tendencias de Tecnología Legal en LATAM

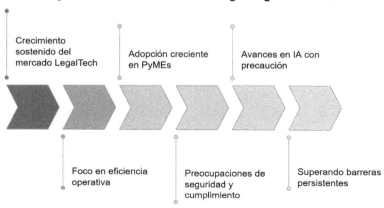

Crecimiento Sostenido del Mercado LegalTech: A pesar de ser un mercado más joven que el de Norteamérica o Europa, se espera un crecimiento anual compuesto significativo en los próximos años.

Foco en Eficiencia Operativa: La automatización de procesos (*gestión de contratos, facturación*) y la digitalización básica siguen siendo prioridades clave, especialmente para firmas que buscan superar ineficiencias tradicionales.

Adopción Creciente en PyMEs: La tecnología legal se vuelve más accesible, impulsando la adopción tanto en grandes firmas como en despachos medianos y pequeños y en las PyMEs en general.

Preocupaciones de Seguridad y Cumplimiento: El aumento de ciberataques en la región y la implementación de leyes de protección de datos (*como la LGPD en Brasil*) hacen de la seguridad una preocupación central.

Avances en IA, pero con Cautela: Si bien hay adopción de Inteligencia Artificial (*Brasil destaca en el uso judicial, y las empresas invierten*), persisten desafíos relacionados con la calidad de los datos, la falta de talento especializado y la necesidad de marcos regulatorios claros.

Persistencia de Barreras: La fragmentación regulatoria entre países, la infraestructura digital desigual, la resistencia cultural al cambio en un sector tradicional, la brecha de habilidades digitales y el acceso limitado a financiamiento continúan siendo obstáculos importantes para una transformación más rápida y homogénea en LATAM.

Estas tendencias globales están llegando, pero su implementación requiere una adaptación inteligente al contexto local. La fragmentación regulatoria, la variabilidad en la madurez digital entre países y empresas, y las limitaciones de recursos significan que los pequeños despachos latinoamericanos deben ser selectivos y estratégicos. Deben seguir las corrientes globales (*IA, nube, automatización, ciberseguridad*), pero priorizar soluciones que sean accesibles, seguras, que ofrezcan un retorno de la inversión claro y rápido, y que se adapten a sus realidades operativas específicas. La convergencia tecnológica es inevitable, pero la ruta de adopción exitosa será aquella que combine la visión global con la inteligencia local.

Impacto

La integración de la Transformación Digital y la Inteligencia Artificial está generando un impacto profundo y multifacético en todo el ecosistema legal, afectando a los profesionales, los despachos, los clientes y el sistema de justicia en su conjunto.

Impacto en la Profesión Legal:

Reconfiguración del Trabajo del Abogado.

La automatización está asumiendo muchas de las tareas rutinarias y repetitivas que tradicionalmente consumían gran parte del tiempo de los abogados, especialmente de los más jóvenes (como investigación básica, revisión de documentos estándar, gestión administrativa). Esto está desplazando el enfoque hacia habilidades y tareas de mayor valor añadido que son intrínsecamente humanas: el pensamiento crítico y estratégico, el análisis legal complejo, la resolución creativa de problemas, la negociación, la empatía y la construcción de relaciones con los clientes. Se estima que un porcentaje significativo de las tareas legales actuales (hasta un 44%) tiene potencial de automatización.

Necesidad de Nuevas Habilidades.

Para prosperar en este nuevo entorno, los abogados necesitan adquirir nuevas competencias que salen únicamente del conocimiento jurídico tradicional. Esto incluye una **alfabetización digital** básica, una comprensión funcional de la Inteligencia Artificial y el análisis de datos, la capacidad de **evaluar críticamente los resultados** generados por la Inteligencia Artificial (*identificando errores o sesgos*), y una gran **adaptabilidad** al cambio tecnológico continuo.

Surgimiento de Nuevos Roles.

La intersección entre derecho y tecnología está creando nuevos perfiles profesionales dentro del sector legal, como especialistas en Inteligencia Artificial legal, ingenieros de prompts (*expertos en formular preguntas a la IA*), analistas de datos legales, gestores de tecnología legal (*Legal Operations*) y expertos en ciberseguridad y privacidad de datos.

Evolución de Modelos de Negocio.

La eficiencia generada por la Inteligencia Artificial desafía directamente el modelo de facturación por horas, impulsando la adopción de **Alternative Fee Arrangements (*AFAs*)** como tarifas fijas, por proyecto, basadas en valor o modelos de suscripción. Esto requiere que los despachos redefinan cómo miden y comunican el valor que aportan. Además, la tecnología facilita la colaboración y la reingeniería de procesos internos.

Preocupaciones sobre el Empleo.

Si bien existe temor a la sustitución de abogados por IA, el consenso actual es que la Inteligencia Artificial actuará más como un **aumento de las capacidades** del abogado (*abogados con esteroides*) que como un reemplazo total, especialmente para roles que requieren juicio, estrategia y habilidades interpersonales. Sin embargo, los roles más administrativos o de apoyo (*paralegales, secretarios*) sí podrían verse más afectados por la automatización. La verdadera amenaza no es la Inteligencia Artificial en sí, sino el **quedarse atrás** por no adoptarla: los abogados que utilicen Inteligencia Artificial probablemente desplazarán a los que no lo hagan.

Impacto en los Despachos de Abogados:

Eficiencia y Productividad Exponenciales.

Reducción drástica de tiempos en tareas clave, permitiendo manejar mayor volumen de trabajo con los mismos o menos recursos.

Reducción de Costos Significativa.

Ahorro en gastos operativos (*papel, espacio físico, mantenimiento de hardware local*), optimización del personal administrativo y disminución de costos asociados a errores.

Mejora de la Calidad y Consistencia.

Minimización de errores humanos en tareas repetitivas y mayor estandarización de documentos y procesos.

Toma de Decisiones Estratégicas.

Acceso a análisis de datos y predicciones que informan tanto la gestión del despacho como la estrategia de los casos.

Nuevas Vías de Ingreso y Crecimiento.

Posibilidad de desarrollar servicios digitales innovadores, expandirse a nuevos mercados o nichos, y ofrecer asesoramiento más estratégico.

Ventaja Competitiva Sostenible.

La adopción temprana y estratégica de tecnología diferencia a los despachos, atrae talento innovador y responde mejor a las demandas de los clientes.

Impacto en los Clientes.

Experiencia Mejorada.

Interacciones más rápidas, fluidas y transparentes. Acceso a información sobre sus casos 24/7 a través de portales o chatbots.

Mayor Accesibilidad y Asequibilidad.

La reducción de costos operativos de los despachos puede traducirse en precios más competitivos, tarifas fijas o servicios más accesibles para individuos y PyMEs. Esto contribuye a democratizar el acceso a la justicia.

Servicios Personalizados y Proactivos.

La tecnología permite a los abogados conocer mejor a sus clientes y adaptar los servicios a sus necesidades específicas, incluso anticipándose a problemas futuros.

Impacto en el Sistema de Justicia.

Agilización Potencial.

Tecnologías como el e-filing, las audiencias virtuales y la gestión digital de expedientes pueden acelerar los procesos judiciales.

Uso Judicial de IA.

Algunos sistemas judiciales ya exploran o utilizan Inteligencia Artificial para análisis predictivo, gestión de casos o asignación de recursos.

Desafíos Éticos y Regulatorios.

Surgen preguntas complejas sobre el uso de Inteligencia Artificial en la toma de decisiones judiciales, el riesgo de sesgo algorítmico y la necesidad de transparencia y debido proceso.

Ampliación del Acceso a la Justicia.

La tecnología puede facilitar que más ciudadanos y pequeñas empresas accedan a información legal y servicios de resolución de disputas.

Para los despachos en nuestra zona, el impacto más transformador reside en la **oportunidad de nivelación competitiva**. Mientras que las grandes firmas globales utilizan estas tecnologías para optimizar operaciones ya sofisticadas, las firmas más pequeñas pueden emplear herramientas ahora accesibles para superar barreras estructurales de recursos. La automatización de tareas que consumen una parte desproporcionada de su tiempo limitado, el acceso a capacidades de análisis e investigación antes inalcanzables, y la mejora en la eficiencia del servicio al cliente les permiten competir de manera más efectiva en sus nichos y mercados locales. El impacto no es meramente incremental en eficiencia, sino que afecta directamente su **viabilidad competitiva y su potencial de crecimiento** en un mercado regional que, aunque con desafíos, está comenzando a abrazar la digitalización.

📌 Qué aprendiste:

La adopción de TD e IA es una tendencia global en el sector legal, impulsada por la demanda de eficiencia, la necesidad de optimización interna y la disponibilidad tecnológica.

La IA permite la automatización inteligente de tareas complejas como el análisis documental, la investigación jurídica avanzada, la generación de borradores y el análisis predictivo.

A nivel global, la TD e IA están aumentando la productividad, reduciendo costos, mejorando la calidad, permitiendo un reenfoque estratégico y transformando los modelos de negocio.

Las tendencias clave incluyen la aceleración de la adopción de IA (incluida la generativa e integrada), la automatización de flujos de trabajo completos, la centralidad de los datos, el predominio de la nube, el foco en ciberseguridad, la evolución de la experiencia del cliente, la maduración del LegalTech, la revisión de modelos de facturación y el desarrollo regulatorio y ético de la IA.

En LATAM, si bien las tendencias globales son relevantes, la adopción está marcada por el crecimiento del LegalTech, el foco en eficiencia, la adopción en PyMEs, las preocupaciones de seguridad y el avance cauteloso de la IA, con desafíos persistentes como la fragmentación regulatoria y la brecha de habilidades.

El impacto de la TD e IA es amplio, reconfigurando el trabajo de los abogados, exigiendo nuevas habilidades, creando nuevos roles, evolucionando modelos de negocio, impactando a los despachos (eficiencia, costos, calidad, estrategia, ingresos), mejorando la experiencia del cliente y transformando el sistema de justicia. Para los despachos pequeños en LATAM, representa una oportunidad clave para la nivelación competitiva.

🔴 Pregunta estratégica:

Considerando las tendencias globales y los desafíos específicos de LATAM, ¿cuáles son las dos o tres áreas de nuestro despacho donde la adopción estratégica y gradual de herramientas digitales y/o de IA podría generar el mayor impacto positivo en nuestra competitividad y eficiencia en los próximos 12-18 meses?

Capítulo 3

Beneficios explícitos de la TD y la IA

La adopción estratégica de la Transformación Digital (TD) y la Inteligencia Artificial (IA) no es un lujo reservado a las grandes corporaciones legales. Para los micro y pequeños despachos de abogados, estas tecnologías ofrecen un conjunto de beneficios tangibles y estratégicos que pueden marcar una diferencia fundamental en su operatividad, rentabilidad y capacidad para servir a sus clientes. A continuación, se detallan los beneficios más relevantes, considerando las particularidades de estas firmas.

Figura 4. Beneficios explícitos de la Transformación Digital y la Inteligencia Artificial

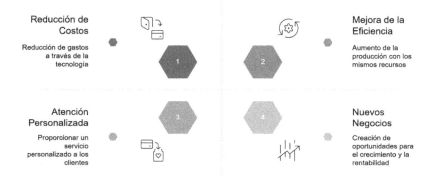

Reducción de Costos
Reducción de gastos a través de la tecnología

Mejora de la Eficiencia
Aumento de la producción con los mismos recursos

Atención Personalizada
Proporcionar un servicio personalizado a los clientes

Nuevos Negocios
Creación de oportunidades para el crecimiento y la rentabilidad

Reducción de costos operativos

Uno de los atractivos más significativos de la Transformación Digital y la Inteligencia Artificial para los despachos pequeños, a menudo operan con presupuestos ajustados, es su potencial para reducir considerablemente los costos operativos. Esta reducción se manifiesta en diversas áreas:

Automatización de Tareas Administrativas y de Bajo Valor.

💡 **Tip Rápido: Más Asesoría, Menos Trámites:** Automatiza lo básico y dedica ese tiempo extra a lo que realmente genera ingresos: ¡asesorar a tus clientes!

En firmas pequeñas, es común que los propios abogados o un personal de apoyo limitado dediquen una cantidad considerable de tiempo a tareas administrativas no facturables pero necesarias: preparación y envío de facturas, seguimiento de pagos, agendamiento de citas, recordatorios de plazos, clasificación inicial de correspondencia y documentos, entrada manual de datos en diferentes sistemas. Las herramientas para este fin (*como software de gestión de prácticas con flujos de trabajo automatizados*) y la Inteligencia Artificial (*para tareas como clasificación inteligente o chatbots básicos*) pueden asumir gran parte de este trabajo.

Impacto Directo: Esto se traduce en una reducción de las horas de trabajo dedicadas a estas tareas, lo que disminuye los costos de personal administrativo o, más crucialmente, libera tiempo valioso de los abogados para dedicarlo a trabajo facturable o al desarrollo de negocio. Además, minimiza los errores manuales (*errores en facturas, olvido de plazos*) que pueden generar costos indirectos por correcciones, pérdida de tiempo o incluso sanciones. Estudios indican que puede reducir los costos administrativos generales hasta en un 25%. Un despacho pequeño en LATAM que implemente un sistema simple para automatizar recordatorios de plazos procesales o la generación de facturas recurrentes puede ver ahorros inmediatos y tangibles.

Optimización del Uso de Infraestructura y Recursos Físicos.

💡 **Tip Práctico: Despacho Ligero, Bolsillo Pesado:** Múdate a la nube. Dile adiós a montañas de papel y servidores ruidosos. Menos espacio físico y menos "fierros" significan más eficiencia y ahorros directos en tu cuenta bancaria.

La dependencia del papel y de la infraestructura física local genera costos significativos: compra de papel, tóner, impresoras, espacio de almacenamiento para archivos físicos, y mantenimiento de servidores locales. La Transformación Digital, especialmente a través de la **computación en la nube (*Cloud Computing*)**, permite una optimización radical.

Impacto Directo: Almacenar documentos digitalmente en la nube elimina la necesidad de grandes archivos físicos, liberando espacio de oficina (*que puede ser* *costoso, especialmente en ciudades principales de LATAM*) y reduciendo drásticamente el gasto en papel y consumibles de impresión. Utilizar software como servicio (*SaaS*) basado en la nube elimina la necesidad de invertir en costosos servidores propios y su mantenimiento, transformando gastos de capital (*CapEx*) en gastos operativos (*OpEx*) más predecibles y escalables. Firmas han reportado ahorros del 10-15% en costos operativos al adoptar modelos más flexibles facilitados por la digitalización. Un despacho de cualquier tamaño que adopta un sistema de gestión documental (DMS) en la nube, ahorra en estos costos directos y gana sustancialmente en seguridad y accesibilidad.

Eficiencia en Investigación y Descubrimiento Electrónico (eDiscovery).

> 💡 **Tip Práctico: Inteligencia Artificial al Rescate de tus Facturas:** Deja que la IA sea tu "becario estrella" para la investigación y el análisis de documentos. Menos tiempo invertido en estas tareas significa facturas más competitivas y clientes más contentos (y recurrentes).

La investigación de jurisprudencia, doctrina y legislación, así como la revisión de grandes volúmenes de documentos en litigios (eDiscovery), son tareas intensivas en tiempo y, por ende, costosas.

Impacto Directo: Herramientas de Inteligencia Artificial para la investigación legal y el análisis documental permiten realizar estas tareas en una fracción del tiempo y con mayor precisión. Esto reduce las horas facturables (*o no facturables*) dedicadas a estas actividades, haciendo que el despacho sea más competitivo en sus honorarios o más rentable. También disminuye la necesidad de subcontratar estas tareas a especialistas o firmas más grandes, lo cual puede ser prohibitivo para clientes de despachos pequeños. Se estima que la Inteligencia Artificial puede reducir los costos de revisión documental entre un 60% y un 80%. Un abogado litigante en un pequeño despacho puede usar una herramienta de Inteligencia Artificial de bajo costo para preparar un caso complejo de manera mucho más eficiente, controlando los costos para su cliente.

Reducción de Costos de Marketing y Adquisición de Clientes.

> 💡 **Tip Práctico: Tu Nuevo Asistente 24/7:** La Inteligencia Artificial no come, no duerme y encuentra la aguja en el pajar legal en segundos. Úsala para investigar y analizar documentos, y recupera horas valiosas (y facturables) para tu despacho.

El marketing tradicional (*eventos, publicidad impresa*) puede ser costoso y de difícil medición para un despacho pequeño.

Impacto Directo: El marketing digital (*optimización para motores de búsqueda - SEO, marketing de contenidos, redes sociales*) suele ofrecer un mejor retorno de la inversión y es más medible. Herramientas de Inteligencia Artificial pueden ayudar a optimizar campañas publicitarias online, identificar audiencias objetivo con mayor precisión, generar ideas de contenido relevante, e incluso automatizar respuestas iniciales a prospectos a través de chatbots. Esto permite reducir el costo de adquisición de clientes (*CAC*) y maximizar el presupuesto de marketing, por limitado que sea. Un despacho puede usar herramientas gratuitas como Google Analytics para entender su audiencia web y herramientas de Inteligencia Artificial de bajo costo para generar borradores de artículos de blog, compitiendo por visibilidad online sin grandes desembolsos.

La perspectiva correcta para un micro o pequeño despacho en LATAM es ver la Transformación Digital y la Inteligencia Artificial no como un gasto ineludible, sino como una **inversión estratégica con un potencial de retorno de la inversión (ROI) tangible y a menudo rápido**. La clave reside en comenzar con implementaciones focalizadas y de bajo costo que aborden los mayores puntos de dolor o las tareas más consumidoras de tiempo. La eficiencia ganada y los costos ahorrados pueden entonces reinvertirse gradualmente en tecnologías más avanzadas. En el entorno actual, el costo de la inacción –perder eficiencia, competitividad y clientes– puede ser significativamente mayor que el costo de una adopción tecnológica inteligente y escalonada.

Mejora de la eficiencia y productividad

Adicionalmente a la mejora de los recursos económicos, la Transformación Digital y la Inteligencia Artificial potencian de manera significativa la eficiencia y la productividad de los micro y pequeños despachos, permitiéndoles hacer más con los mismos o menos recursos.

Automatización Acelerada de Tareas.

Tip Práctico: Multiplica tu Tiempo (y tus Ingresos): Automatizar tareas repetitivas es como tener un ejército de asistentes virtuales trabajando para ti 24/7. Recupera horas valiosas para enfocarte en lo que realmente importa: ¡hacer crecer tu despacho!

Como ya se ha indicado, la capacidad de automatizar tareas repetitivas es un motor clave de eficiencia. Esto incluye desde la redacción de documentos basados en plantillas, la revisión inicial de contratos, la investigación legal automatizada, hasta la gestión administrativa como el seguimiento de plazos o la facturación.

Impacto Directo: La reducción del tiempo dedicado a estas tareas es drástica. Por ejemplo, la generación de documentos puede pasar de horas a minutos, y la revisión documental puede ser hasta 10 veces más rápida. Esto libera una cantidad significativa de tiempo de los abogados, que es el recurso más valioso y limitado en una firma pequeña. Este tiempo recuperado puede reinvertirse en trabajo facturable, desarrollo de negocio, formación o simplemente mejorar el equilibrio vida-trabajo. Permite a la firma manejar un mayor volumen de casos o clientes sin necesidad de aumentar proporcionalmente el personal. Estudios cuantifican este impacto en aumentos de productividad superiores al 30% y la recuperación de horas facturables significativas anualmente. Un abogado en LATAM que utiliza Inteligencia Artificial para resumir rápidamente un expediente extenso puede preparar su estrategia de audiencia en menos tiempo y con mayor enfoque.

Acceso Instantáneo y Organizado a la Información.

Tip Práctico: Tu Cerebro Legal Digital: Un buen Sistema de Gestión Documental (DMS) es como tener toda la información de tu despacho perfectamente organizada y al alcance de un clic. ¡Di adiós a la frustración de buscar expedientes perdidos y hola a la productividad instantánea!

La gestión tradicional de archivos físicos o digitales desorganizados es una fuente importante de ineficiencia. Los Sistemas de Gestión Documental (*DMS*) modernos, especialmente los basados en la nube, centralizan toda la información de casos y clientes. Las herramientas de búsqueda inteligente, a menudo potenciadas por IA, permiten localizar documentos específicos, cláusulas contractuales o información de jurisprudencia en segundos.

Impacto Directo: Se elimina el tiempo perdido buscando información, que puede consumir una parte considerable de la jornada laboral. Tener una "única fuente de verdad" mejora la coherencia y facilita la colaboración, incluso en equipos pequeños o remotos. Permite responder más rápidamente a las consultas de los clientes o a los requerimientos de un caso. Un pequeño despacho en LATAM con un DMS en la nube permite a sus abogados acceder a la información completa de un caso desde cualquier lugar con conexión a internet, mejorando radicalmente la flexibilidad y la eficiencia operativa.

Mayor Precisión y Calidad del Trabajo.

Tip Práctico: El Ojo Infalible de la IA: Delega las tareas meticulosas y repetitivas a la Inteligencia Artificial. Obtendrás una precisión milimétrica en tus documentos y reducirás drásticamente los errores que pueden costar tiempo, dinero y reputación. ¡Tu trabajo hablará por sí solo!

La IA, al no sufrir de fatiga o distracciones, puede realizar tareas repetitivas con un nivel de precisión superior al humano. Puede identificar errores sutiles, inconsistencias en la redacción, cláusulas faltantes o riesgos potenciales en documentos que podrían pasar desapercibidos en una revisión manual.

Impacto Directo: Se reduce el tiempo y el costo asociados a la corrección de errores. Aumenta la calidad y la fiabilidad del trabajo legal entregado al cliente. Disminuye el riesgo de negligencia profesional o de problemas legales derivados de errores documentales. Utilizar una herramienta de Inteligencia Artificial para verificar la coherencia terminológica en un contrato complejo o para asegurar que todas las citas jurisprudenciales son correctas y vigentes eleva el estándar de calidad del servicio de un despacho pequeño.

Gestión de Casos y Flujos de Trabajo Optimizados.

> 💡 **Tip Práctico: Tu Centro de Comando Legal:** Un buen software de gestión de casos es el cerebro digital de tu despacho. Centraliza todo, automatiza el caos y te da el control total para que no se te escape ningún detalle importante. ¡Más orden, menos estrés y más eficiencia!

El software de gestión de prácticas legales (*Case Management Software*), cada vez más integrado con funcionalidades de IA, centraliza toda la información relevante de un caso (*documentos, contactos, plazos, tareas, comunicaciones, facturación*). Permite automatizar flujos de trabajo, como el envío de recordatorios automáticos para plazos judiciales o tareas asignadas, y facilita el seguimiento del progreso general de los asuntos.

Impacto Directo: Proporciona una visión clara y actualizada del estado de todos los casos, mejorando la organización y el control. Ayuda a garantizar el cumplimiento riguroso de plazos y la gestión proactiva de las tareas. Mejora la coordinación y la comunicación dentro del equipo, incluso si es pequeño o trabaja de forma híbrida. Permite estandarizar los procesos para una mayor consistencia y eficiencia. Un despacho de tres abogados en LATAM que adopta un software de gestión de casos asequible puede lograr una mejora sustancial en su organización interna, reduciendo el estrés y aumentando la capacidad para gestionar su carga de trabajo.

Para los micro y pequeños despachos, donde cada abogado a menudo desempeña múltiples roles (*jurídico, administrativo, comercial*), la mejora de la eficiencia no contempla simplemente "hacer las cosas más rápido". El beneficio fundamental es la **liberación de tiempo y capacidad mental**. Al reducir la carga de trabajo rutinario y administrativo, la Transformación Digital y la Inteligencia Artificial permiten a estos profesionales dedicar sus limitados recursos a las actividades que verdaderamente generan valor y requieren su experiencia única: el análisis estratégico profundo, el desarrollo de argumentos complejos, la negociación sofisticada, la construcción de relaciones sólidas con los clientes y el desarrollo de negocio. En esencia, la tecnología les permite ser "más abogados" y menos administradores, potenciando tanto la calidad del servicio como la sostenibilidad y rentabilidad del despacho.

Personalización de la atención al cliente

Contrario a la percepción de que la tecnología deshumaniza, la Transformación Digital y la Inteligencia Artificial pueden ser herramientas poderosas para que los micro y pequeños despachos ofrezcan un servicio al cliente más personalizado, atento y eficaz, fortaleciendo las relaciones y la lealtad.

Comunicación Mejorada y Mayor Accesibilidad.

> 📍 **Tip Práctico:** Comunícate Inteligente, No Solo Más: Las herramientas digitales manejan las preguntas básicas y el papeleo, liberando tu tiempo para lo que realmente importa: construir relaciones sólidas con tus clientes y brindarles una atención personalizada y estratégica. ¡Más valor en cada interacción!

Las herramientas digitales transforman la forma en que el despacho interactúa con sus clientes. Los **portales de clientes** seguros permiten compartir documentos, actualizaciones de estado y facturas de forma transparente y accesible 24/7. Los **chatbots** básicos, incluso gratuitos o de bajo costo, pueden instalarse en el sitio web para responder preguntas frecuentes (*FAQs*) sobre servicios, horarios o procesos iniciales, o para recopilar información básica de contacto fuera del horario laboral. Las herramientas de **agendamiento automático** permiten a los clientes reservar consultas iniciales o reuniones de seguimiento directamente en el calendario del abogado, según su disponibilidad real, evitando idas y vueltas por correo electrónico.

Impacto Directo: Aunque estas herramientas automatizan ciertas interacciones, su efecto principal es **liberar tiempo del abogado** de las comunicaciones rutinarias y repetitivas. Esto permite que las interacciones directas (*llamadas, reuniones*) se centren en los aspectos sustantivos y estratégicos del caso, haciéndolas más valiosas y personalizadas. El cliente se siente mejor informado, con acceso constante a la información relevante de su caso, y percibe una mayor capacidad de respuesta por parte del despacho, incluso si es pequeño. Un despacho en LATAM puede usar un chatbot para filtrar consultas iniciales y un portal para compartir avances, mejorando la percepción de disponibilidad y eficiencia.

Comprensión Profunda del Cliente a través de Datos (CRM).

> 📍 **Tip Práctico: Conoce a tu Cliente como a tu Mejor Amigo (con Ayuda de la Tecnología):** Un CRM no es solo una base de datos, es tu "chuleta digital" para recordar cada detalle importante de tus clientes. Anticipa sus necesidades, personaliza tu trato y construye relaciones duraderas que van más allá de lo puramente legal. ¡La clave para la lealtad en un mercado competitivo!

Los sistemas de Gestión de Relaciones con Clientes (*CRM*), ya sean independientes o integrados en el software de gestión de la práctica, son fundamentales para la personalización. Centralizan toda la información relevante sobre un cliente: historial de casos, documentos clave, comunicaciones previas, notas sobre preferencias personales o de negocio, historial de facturación, etc. La Inteligencia Artificial puede, potencialmente, analizar estos datos para identificar patrones, necesidades o sentimientos.

Impacto Directo: Antes de cualquier interacción (*una llamada, una reunión, un correo*), el abogado puede consultar rápidamente el perfil del cliente en el CRM. Esto le permite recordar detalles importantes (*el nombre de sus hijos, el estado de su último asunto, su aversión a cierto tipo de riesgo*), adaptar el tono y el contenido de la comunicación, y demostrar un conocimiento profundo de la relación. Este nivel de preparación fomenta la confianza y fortalece la relación personal, un factor clave en LATAM. Además, los datos del CRM facilitan la segmentación para enviar comunicaciones de marketing o actualizaciones legales que sean verdaderamente relevantes para grupos específicos de clientes, evitando el spam genérico. También puede ayudar a anticipar necesidades futuras o servicios complementarios.

Asesoramiento y Estrategias a Medida.

> 💡 **Tip Práctico: De Abogado Genérico a Consultor Estratégico:** Deja que la automatización y el conocimiento profundo del cliente te liberen para pensar como un estratega, no solo como un abogado. Ofrece soluciones legales hechas a la medida que realmente impulsen el éxito de tus clientes. ¡Ahí está la verdadera diferenciación!

Con más tiempo disponible gracias a la ventaja de hacer procesos automatizados y un conocimiento más profundo del cliente gracias a los datos, los abogados pueden desarrollar soluciones más completas a las simples soluciones legales estándar. Pueden invertir el tiempo necesario para comprender a fondo los objetivos comerciales o personales específicos de cada cliente y diseñar estrategias legales verdaderamente personalizadas. La Inteligencia Artificial puede apoyar este proceso analizando escenarios complejos o buscando precedentes muy específicos que se ajusten a la situación particular del cliente.

Impacto Directo: El servicio legal se percibe como mucho más valioso cuando está claramente adaptado a las circunstancias únicas del cliente. Esto permite desarrollar soluciones más creativas, efectivas y alineadas con los objetivos del cliente, diferenciando al despacho de aquellos que ofrecen enfoques más genéricos. Un despacho que asesora a emprendedores en LATAM puede usar su conocimiento del ecosistema local y herramientas de análisis para ofrecer un paquete de inicio legal perfectamente ajustado a las necesidades y presupuesto de una nueva startup tecnológica, en lugar de un paquete estándar.

Transparencia y Empoderamiento del Cliente.

> 💡 **Tip Práctico: Cliente Informado, Cliente Empoderado (y Feliz):** Abre las puertas digitales de tu despacho a tus clientes. La transparencia en el proceso legal genera confianza, reduce la ansiedad y los convierte en aliados informados. ¡Una relación cliente-abogado fuerte es la base del éxito!

Las plataformas digitales, adicional a la mejora de la comunicación, aumentan la transparencia del proceso legal. Dar acceso a los clientes a través de portales seguros para ver el estado de su caso, revisar documentos clave o consultar el detalle de sus facturas en tiempo real les otorga una mayor sensación de control y comprensión.
Impacto Directo: Esta transparencia reduce la ansiedad y la incertidumbre del cliente, que a menudo surgen de la opacidad de los procesos legales. Fomenta

una relación de mayor confianza y colaboración entre el abogado y el cliente. Un cliente que puede verificar online el último escrito presentado o el estado de su pago se siente más involucrado y tranquilo.

En el competitivo mercado legal de LATAM, donde la confianza y la relación personal son a menudo decisivas, la capacidad de ofrecer un servicio altamente personalizado es un **diferenciador estratégico fundamental** para los micro y pequeños despachos. Lejos de ser una fuerza deshumanizadora, la Transformación Digital y la IA, cuando se implementan de forma inteligente, **potencian la capacidad de personalización**. Al asumir las tareas administrativas y proporcionar las herramientas para una gestión eficiente de la información del cliente, liberan al abogado para centrarse en la escucha activa, la comprensión profunda y la construcción de relaciones de confianza a largo plazo, convirtiendo la personalización en una ventaja competitiva clave.

Nuevas oportunidades de negocio

La adopción de Transformación Digital e Inteligencia Artificial no solo optimiza las operaciones existentes, sino que también abre un abanico de nuevas oportunidades de negocio para los despachos, permitiéndoles crecer, diversificar y aumentar su rentabilidad.

Expansión Geográfica y Acceso a Nuevos Mercados.

💡 **Tip Práctico: Tu Despacho Sin Fronteras:** Las herramientas digitales son tu pasaporte al mundo. Deja de pensar en tu ubicación como un límite y empieza a verla como un punto de partida. ¡Conéctate con clientes y colaboradores dondequiera que estén y expande tu alcance sin las ataduras físicas tradicionales!

Tradicionalmente, los despachos pequeños estaban limitados por su ubicación física. Las herramientas digitales rompen estas barreras. La computación en la nube permite el acceso a archivos desde cualquier lugar. Las plataformas de videoconferencia facilitan reuniones con clientes y colaboradores a distancia. El marketing digital permite alcanzar audiencias más extensas geográficamente.

Impacto Directo: Un despacho pequeño puede ahora **atender clientes en otras ciudades, regiones o incluso países** (*siempre respetando las normativas sobre ejercicio transfronterizo*). Esto es especialmente relevante para despachos con especializaciones de nicho que pueden tener una demanda limitada localmente pero significativa a nivel regional o global. Abre un mercado potencial mucho más grande y facilita la colaboración remota con otros profesionales para abordar proyectos más grandes. Un despacho boutique en LATAM especializado en regulación fintech puede usar herramientas digitales para captar y servir a startups de toda la región.

Creación y Oferta de Servicios Legales Digitales.

> 💡 **Tip Práctico: Desempolva el Modelo Tradicional:** Piensa más allá de la hora facturable. La tecnología te permite crear "productos legales" digitales accesibles y escalables. ¡Desde plantillas inteligentes hasta suscripciones de asesoramiento, explora nuevas formas de generar ingresos y llegar a clientes que antes eran inalcanzables!

La tecnología permite empaquetar y entregar servicios legales de formas innovadoras, con contextos más amplios al modelo tradicional de consulta y representación.

Impacto Directo: Se pueden crear **plataformas de autogeneración de documentos** legales básicos (*contratos de arrendamiento, acuerdos de confidencialidad*) dirigidas a PyMEs o particulares a un costo menor. Se pueden ofrecer **modelos de suscripción** para asesoramiento legal continuo en áreas específicas (*cumplimiento normativo para pequeñas empresas*). Se pueden desarrollar **herramientas de diagnóstico o evaluación de riesgos** automatizadas. Estos servicios generan **nuevas fuentes de ingresos**, a menudo recurrentes, y permiten **atender a segmentos del mercado** (*como microempresas o individuos con necesidades legales puntuales*) que no podrían costear los servicios tradicionales. Además, posiciona al despacho como innovador. Un pequeño despacho laboral en LATAM podría crear un portal de suscripción mensual para PyMEs que ofrezca acceso a plantillas de contratos actualizadas, guías de cumplimiento y un número limitado de consultas rápidas vía chatbot o email.

Monetización del Conocimiento y los Datos:

> 💡 **Tip Práctico: Tu Experiencia, Tu Tesoro Oculto:** No solo vendas horas, vende *sabiduría*. La información que has acumulado tiene un valor enorme. Con las herramientas adecuadas, puedes transformarla en productos y servicios que generen nuevas fuentes de ingresos y posicionen a tu despacho como un referente en tu área de especialización. ¡Piensa en informes, análisis predictivos y consultoría basada en datos!

La experiencia acumulada y los datos (*siempre anonimizados y respetando la privacidad y confidencialidad*) son activos valiosos.

Impacto Directo: La Inteligencia Artificial puede ayudar a analizar estos datos para identificar tendencias, patrones o insights. Esta información puede empaquetarse en **productos de conocimiento** (*informes sectoriales, análisis de tendencias regulatorias, benchmarks anónimos*) que pueden venderse. También puede fundamentar **servicios de análisis predictivo** (*probabilidad de éxito en ciertos litigios*) o **consultoría estratégica** basada en datos. Esto genera ingresos adicionales y refuerza la reputación del despacho como experto en su campo. Un despacho especializado en propiedad intelectual podría analizar datos de registro de marcas en LATAM para ofrecer informes de tendencias a empresas que buscan expandirse en la región.

Evolución hacia el Asesoramiento Estratégico:

> **Tip Práctico: De Bombero Legal a Arquitecto de Soluciones:** Deja de apagar incendios y empieza a construir el futuro legal de tus clientes. La eficiencia te da el tiempo, y los datos te dan la visión para convertirte en un asesor estratégico invaluable, cuyo valor trasciende las simples horas facturadas. ¡Piensa en impacto, no solo en tiempo!

Al liberarse de tareas operativas y contar con mejores herramientas de análisis e información, los abogados pueden trascender el rol de meros solucionadores de problemas legales reactivos.

Impacto Directo: Pueden posicionarse como **asesores de negocio estratégicos** para sus clientes, utilizando su conocimiento legal y los insights de los datos para ofrecer recomendaciones proactivas sobre gestión de riesgos, oportunidades de crecimiento, y cumplimiento normativo. Este rol de mayor valor permite justificar **honorarios más elevados**, no basados en el tiempo sino en el impacto estratégico. Fortalece la relación cliente-abogado, convirtiéndola en una asociación a largo plazo. Un abogado que asesora a una PyME exportadora, gracias a la eficiencia ganada, puede analizar proactivamente los riesgos contractuales en sus acuerdos internacionales y proponer cláusulas optimizadas, actuando como un verdadero socio estratégico.

Nuevas Formas de Colaboración y Redes:

> **Tip Práctico: Solo no puedes, con aliados sí:** Las fronteras geográficas ya no son un obstáculo. Conéctate con otros abogados y despachos a través de plataformas digitales. ¡La colaboración estratégica te permite acceder a casos más grandes, ampliar tu oferta de servicios y fortalecer tu red profesional!

Las plataformas digitales facilitan enormemente la colaboración entre despachos, incluso pequeños y ubicados en diferentes lugares.

Impacto Directo: Permite a micro y pequeños despachos **unir fuerzas para abordar casos o proyectos más grandes** que individualmente no podrían manejar. Facilita la creación de **redes de referidos** más amplias y eficientes. Abre la posibilidad de participar en **marketplaces legales** o plataformas de servicios jurídicos online, ampliando la visibilidad y el acceso a clientes. Dos micro despachos en diferentes países de LATAM, uno experto en derecho tributario y otro en corporativo, pueden colaborar fluidamente usando herramientas digitales para asesorar a una empresa en una reestructuración regional.

Un aspecto fundamental es que la Transformación Digital y la Inteligencia Artificial están **democratizando la innovación** en el sector legal. Las herramientas tecnológicas, especialmente las basadas en la nube y modelos SaaS, son cada vez más modulares, asequibles y fáciles de usar. Esto reduce significativamente las barreras de entrada que antes limitaban la innovación a las grandes firmas con enormes presupuestos de I+D. Los micro y pequeños despachos en LATAM, aprovechando su agilidad inherente, pueden identificar nichos de mercado desatendidos y utilizar estas herramientas accesibles para experimentar y crear rápidamente nuevas soluciones o modelos de servicio adaptados a las necesidades específicas de su entorno. No se trata sólo de adoptar la tecnología existente, sino de tener la capacidad de **crear nuevas propuestas de valor**, compitiendo en precio, en innovación y agilidad.

Preguntas estratégicas de los beneficios de la TD y la IA

Has llegado al final de esta sección explorando los beneficios tangibles de la Transformación Digital y la Inteligencia Artificial. Ahora, el paso crucial es internalizar esta información y traducirla en acciones concretas para tu negocio. Las siguientes preguntas no son un mero ejercicio teórico; están diseñadas para estimular una reflexión profunda sobre la salud, la eficiencia y el potencial de crecimiento de tu despacho desde una perspectiva puramente empresarial.

Entender el impacto de la tecnología a nivel de negocio significa analizar cómo afecta directamente tus costos, tu productividad, la satisfacción de tus clientes y, fundamentalmente, tu rentabilidad y sostenibilidad a largo plazo. Al abordar estas preguntas con una mentalidad estratégica, podrás identificar áreas específicas donde la TD y la IA pueden generar el mayor valor y priorizar inversiones inteligentes.

Este ejercicio te permitirá pasar de la comprensión de los beneficios a la planificación de una implementación efectiva y alineada con tus objetivos empresariales. Dedica tiempo a considerar cada pregunta cuidadosamente. Las respuestas honestas y bien pensadas serán el primer paso para transformar tu despacho y asegurar su competitividad en el panorama legal actual y futuro.

Reducción de Costos Operativos:

Uno de los pilares fundamentales de la adopción tecnológica es la optimización de tus recursos financieros. Piensa en las fugas de capital que quizás no estás cuantificando completamente. Al responder las siguientes preguntas, visualiza cómo la automatización y la digitalización podrían liberar presupuesto para invertir en el crecimiento estratégico de tu despacho.

1. ¿Qué porcentaje de tiempo de tu equipo (incluido tú mismo) se dedica actualmente a tareas administrativas repetitivas y de bajo valor?

2. ¿Cuánto dinero gasta tu despacho anualmente en papel, impresión, almacenamiento físico y mantenimiento de infraestructura tecnológica local?

3. ¿Cómo impactaría en la rentabilidad de tu despacho una reducción del 25% en los costos administrativos?

4. ¿En qué medida la inversión en herramientas de automatización y soluciones en la nube podría liberar recursos financieros para otras áreas de tu negocio legal?

5. ¿Has considerado el costo de oportunidad de no implementar herramientas de eDiscovery en términos de tiempo y recursos invertidos en la revisión documental?

6. ¿Qué estrategias de marketing digital estás utilizando actualmente y cómo podrías optimizarlas con herramientas de IA para reducir el costo de adquisición de nuevos clientes?

Mejora de la Eficiencia y Productividad

El tiempo es el activo más valioso en cualquier despacho de abogados. Considera la cantidad de horas que se invierten en tareas que no generan ingresos directamente. Al responder las siguientes preguntas, imagina el impacto de liberar ese tiempo y cómo una mayor eficiencia podría traducirse en una mayor capacidad para atender casos, mejorar la calidad del trabajo y, en última instancia, aumentar la rentabilidad.

1. ¿Cuántas horas facturables adicionales por abogado podría generar tu despacho si se automatizan las tareas rutinarias?

2. ¿Cómo afectaría la capacidad de tu despacho el acceso instantáneo y organizado a toda la información relevante de los casos?

3. ¿Qué impacto tendría en la calidad del trabajo de tu despacho la implementación de herramientas de IA para la revisión y análisis de documentos?

4. ¿De qué manera un software de gestión de casos integrado con IA podría optimizar los flujos de trabajo y la gestión de plazos en tu despacho?
5. ¿Podrías cuantificar el valor del tiempo que tus abogados podrían dedicar a tareas de alto valor (*análisis estratégico, relación con clientes, desarrollo de negocio*) si se redujera la carga administrativa?

Atención al Cliente:

En un mercado legal competitivo, la relación con el cliente es un factor diferenciador crucial. Reflexiona sobre cómo te comunicas actualmente con tus clientes y cómo la tecnología podría enriquecer esa interacción. Al responder las siguientes preguntas, visualiza cómo la TD y la IA pueden ayudarte a ofrecer un servicio más atento, personalizado y que genere lealtad a largo plazo.

1. ¿Cómo estás utilizando actualmente la tecnología para comunicarte con tus clientes y qué margen de mejora existe en términos de accesibilidad y

transparencia?

2. ¿De qué manera un sistema CRM podría ayudarte a comprender mejor las necesidades y preferencias de tus clientes para ofrecer un servicio más personalizado?

3. ¿Cómo podrías utilizar la información del cliente y las herramientas de IA para ofrecer asesoramiento y estrategias legales más adaptadas a sus situaciones específicas?

4. ¿Qué iniciativas podrías implementar para aumentar la transparencia del proceso legal y empoderar a tus clientes a través de plataformas digitales?

5. ¿Cómo la personalización de la atención al cliente podría convertirse en un factor diferenciador clave para tu despacho en el mercado legal local?

Nuevas Oportunidades de Negocio:

La adopción tecnológica claro optimiza lo existente, pero también abre puertas a nuevos horizontes. Piensa diferente a la forma tradicional de ejercer la abogacía. Al responder las siguientes preguntas, explora cómo la TD y la IA podrían permitirte expandir tu alcance, ofrecer servicios innovadores y posicionar tu despacho para el futuro.

1. ¿Qué barreras geográficas existen actualmente para el crecimiento de tu despacho y cómo la tecnología podría ayudarte a superarlas?

2. ¿Has explorado la posibilidad de crear y ofrecer servicios legales digitales para llegar a nuevos segmentos de clientes o generar ingresos recurrentes?

3. ¿De qué manera podrías monetizar el conocimiento y los datos acumulados en tu despacho para crear nuevas fuentes de ingresos o fortalecer tu reputación?

4. ¿Cómo la liberación de tiempo operativo y el acceso a mejores herramientas de análisis podrían permitir a tus abogados evolucionar hacia un rol de asesores estratégicos para tus clientes?

5. ¿Qué nuevas formas de colaboración con otros despachos o profesionales podrías explorar gracias a las plataformas digitales?

6. ¿Cómo la adopción temprana de TD e IA podría posicionar a tu despacho como un innovador en el sector legal de América Latina?

📌 Qué aprendiste:

La TD y la IA ofrecen beneficios tangibles para pequeños despachos en LATAM, incluyendo la reducción de costos operativos a través de la automatización administrativa, la optimización de infraestructura y la eficiencia en investigación y marketing.

La eficiencia y productividad mejoran mediante la automatización de tareas, el acceso rápido a la información, la mayor precisión y la optimización de la gestión de casos.

La atención al cliente se personaliza a través de una comunicación mejorada, la comprensión profunda del cliente mediante CRM, el asesoramiento a medida y una mayor transparencia.

Se abren nuevas oportunidades de negocio a través de la expansión geográfica, la creación de servicios legales digitales, la monetización del conocimiento, la evolución hacia el asesoramiento estratégico y nuevas formas de colaboración.

🍷 Pregunta estratégica:

De los beneficios de reducción de costos, mejora de eficiencia, personalización de la atención al cliente y nuevas oportunidades de negocio, ¿cuáles son los dos o tres que tendrían el impacto más significativo y factible en nuestro despacho en el corto plazo (próximos 6-12 meses), y qué pasos concretos podríamos dar para comenzar a materializarlos?

Capítulo 4

Retos y consideraciones para implementar

Si bien los beneficios de la Transformación Digital y la Inteligencia Artificial son considerables, su implementación no está exenta de desafíos. Debemos anticipar y abordar estas consideraciones para asegurar una transición exitosa.

Costos iniciales y accesibilidad

Inversión Inicial Requerida

▲ **Cuidado: Planifica el Despegue:** La tecnología cuesta al principio. Software, equipos, configuración... ¡No dejes que la inversión inicial te paralice! Busca opciones inteligentes y escalables.

La adopción de nuevas tecnologías, incluso las basadas en la nube, implica costos iniciales. Esto puede incluir suscripciones a software (*SaaS*), posible necesidad de actualizar hardware básico (*computadoras, conexión a internet*), costos de configuración o personalización, y potencialmente honorarios de consultoría si se requiere ayuda externa para la planificación o implementación. Para los micro y pequeños despachos con flujos de caja ajustados, esta inversión inicial puede representar una barrera significativa. Las licencias de software de IA, en particular, pueden tener modelos de precios complejos y variar considerablemente.

Costos Continuos y Ocultos

▲ **Cuidado: La Cuota Constante:** Más allá del inicio, la tecnología tiene gastos fijos: suscripciones, almacenamiento en la nube, mantenimiento y formación continua. ¡Prevé estos costos para una digitalización sostenible!

Adicional al desembolso inicial, es vital considerar los costos recurrentes, como las cuotas mensuales o anuales de suscripción para software SaaS, costos de almacenamiento de datos en la nube *(que pueden aumentar con el volumen)*, gastos de mantenimiento y soporte técnico *(si no están incluidos)*, y la inversión continua en capacitación para el equipo a medida que las herramientas evolucionan.

Accesibilidad en el Contexto LATAM

La accesibilidad financiera puede verse agravada por un ecosistema de financiación de capital de riesgo para LegalTech menos desarrollado en LATAM en comparación con otras regiones, lo que dificulta obtener inversión externa. Además, la calidad y costo de la infraestructura de telecomunicaciones (*banda ancha fiable*) puede variar significativamente dentro de la región, siendo un requisito básico para muchas soluciones digitales, especialmente las basadas en la nube.

Estrategias de Mitigación y Consideraciones:

Enfoque Estratégico en el ROI: No veas la tecnología como un gasto, sino como una inversión. Antes de comprometerse, se debe realizar un análisis costo-beneficio y calcular el Retorno de la Inversión (*ROI*) esperado. Priorizar aquellas inversiones que ofrezcan un ROI más claro, rápido y significativo, abordando los puntos de dolor más críticos del despacho.

Implementación Gradual y Escalable: No es necesario transformar todo el despacho de la noche a la mañana. Se recomienda un enfoque por fases, comenzando con proyectos piloto o la adopción de herramientas gratuitas (*freemium*) o de muy bajo costo para probar el concepto y generar resultados iniciales. Aprovechar los periodos de prueba gratuitos que ofrecen muchos proveedores.

Priorizar Soluciones Cloud/SaaS: Estas soluciones generalmente requieren una menor inversión inicial en hardware y trasladan los costos de mantenimiento al proveedor. Los modelos de suscripción ofrecen previsibilidad en los gastos.

Investigar Apoyos Públicos: Explorar la existencia de programas gubernamentales o de cámaras de comercio locales/regionales en LATAM que ofrezcan subsidios, créditos blandos o asesoramiento para la digitalización de

PyMEs.

Evaluar Modelos de Precios Flexibles: Algunos proveedores de tecnología pueden ofrecer modelos de pago por uso o planes específicos para pequeñas empresas.

El análisis financiero para un pequeño despacho debe sopesar el costo de la inversión tecnológica frente al **costo de la inacción**. Mantener procesos ineficientes, perder oportunidades por falta de capacidad o no cumplir con las expectativas digitales de los clientes puede resultar mucho más costoso a largo plazo que una inversión tecnológica planificada y estratégica. El desafío principal es cambiar la mentalidad de "gasto" a "inversión estratégica", seleccionando cuidadosamente soluciones que ofrezcan un valor demostrable y se alineen con la capacidad financiera del despacho.

⚠ **Cuidado: Inversión Inteligente: ROI, Pasos Lentos y Opciones Ágiles:** No veas la tecnología como un agujero negro, sino como una inversión con retorno. Calcula el ROI, empieza poco a poco con soluciones en la nube y busca apoyos. ¡Digitalizarse inteligentemente es la clave para no quedarse atrás!

Capacitación y cambio cultural

La implementación exitosa de la Transformación Digital y la Inteligencia Artificial depende críticamente del factor humano. La tecnología por sí sola no genera valor si las personas no la adoptan y la utilizan eficazmente.

Resistencia al Cambio.

El sector legal es conocido por su apego a la tradición y sus métodos establecidos. Los abogados y el personal de apoyo pueden mostrar resistencia a nuevas herramientas y procesos por diversas razones: escepticismo sobre su eficacia, temor a que la tecnología los reemplace, incomodidad con el aprendizaje de nuevas habilidades, o simplemente la preferencia por "la forma en que siempre se han hecho las cosas". Esta resistencia cultural es a menudo la barrera más significativa para la transformación digital.

Brecha de Habilidades Digitales.

Muchos profesionales del derecho, especialmente aquellos con más años de experiencia, pueden carecer de las habilidades técnicas necesarias para operar nuevas plataformas de software, interpretar análisis de datos o interactuar eficazmente con herramientas de IA. La capacitación necesaria va es mayor al simple manejo de un programa; implica comprender los conceptos subyacentes (*qué es el machine learning, cómo funciona un algoritmo predictivo*), los riesgos asociados (*ciberseguridad, sesgos de la IA*) y cómo integrar la tecnología en el flujo de trabajo legal de manera ética y eficiente.

Necesidad de una Cultura de Innovación.

La Transformación Digital exitosa requiere un cambio cultural profundo. Esto implica fomentar en todo el despacho una mentalidad abierta a la experimentación, al aprendizaje continuo, a la colaboración interdisciplinaria (*si aplica*) y a la adaptación constante a medida que la tecnología y el mercado evolucionan. Se debe pasar de una cultura que penaliza el error a una que lo ve como una oportunidad de aprendizaje.

Gestión Activa del Cambio.

Superar la resistencia y cerrar la brecha de habilidades requiere un esfuerzo consciente de gestión del cambio. Esto debe ser liderado desde la dirección del despacho, comunicando claramente la visión, los objetivos y los beneficios de la transformación para todos los miembros del equipo. Es crucial involucrar al personal en el proceso de selección e implementación de herramientas, recoger su feedback y abordar sus preocupaciones. Se debe proporcionar apoyo continuo y celebrar los pequeños éxitos.

Inversión en Capacitación Específica y Continua.

La capacitación no puede ser un evento único. Se necesita un plan de formación que cubra:

- o Uso práctico de las herramientas tecnológicas implementadas.
- o Desarrollo de habilidades digitales fundamentales.
- o Comprensión de los principios de la IA, sus capacidades y limitaciones, y sus implicaciones éticas.
- o Concientización y buenas prácticas en ciberseguridad y protección de datos.

Desafíos Específicos en LATAM:

La resistencia cultural puede ser particularmente fuerte en mercados legales más tradicionales. Además, el acceso a programas de capacitación de alta calidad, relevantes y en español sobre LegalTech e Inteligencia Artificial puede ser limitado o representar un costo adicional significativo para los pequeños despachos.

En resumen, el éxito de la Transformación Digital y la Inteligencia Artificial depende fundamentalmente de su gente. Ignorar la necesidad de gestionar el cambio cultural, invertir en capacitación adecuada y fomentar una mentalidad de adaptación es una vía casi segura al fracaso de la implementación tecnológica, independientemente de la calidad de las herramientas elegidas.

▲ **Cuidado: Personas Primero: La Clave del Éxito Digital:** La mejor tecnología falla sin un equipo que la entienda y la adopte. Supera la resistencia con comunicación clara, invierte en capacitación continua (¡en español, si es necesario!) y fomenta una cultura de aprendizaje. ¡Tu gente es tu activo digital más valioso!

Privacidad, ética y regulación

La adopción de Transformación Digital e Inteligencia Artificial introduce nuevas y complejas consideraciones en materia de privacidad, ética y cumplimiento normativo, que son especialmente críticas en el sector legal debido a la naturaleza sensible de la información manejada.

Privacidad y Seguridad de los Datos.

Riesgos Inherentes

Los despachos de abogados son custodios de información extremadamente confidencial: datos personales de clientes, secretos comerciales, estrategias de litigio, información financiera, etc.. La digitalización (*almacenamiento en la nube, uso de software de terceros*) y la Inteligencia Artificial (*que a menudo requiere procesar grandes volúmenes de datos*) multiplican los puntos de vulnerabilidad y aumentan el riesgo de brechas de seguridad, accesos no autorizados, ransomware o fugas de información. El uso de herramientas de Inteligencia Artificial generativa públicas o mal configuradas presenta un riesgo particular de que la información confidencial introducida (*prompts*) sea utilizada para entrenar modelos o expuesta a terceros.

Obligaciones Legales y Éticas: Los abogados tienen un deber fundamental de confidencialidad hacia sus clientes, consagrado en las normas deontológicas (*Regla 1.6 de la ABA*). Además, deben cumplir con una creciente red de leyes de protección de datos personales, que en LATAM incluye normativas generales y leyes específicas o sectoriales en otros países, además de considerar el impacto de regulaciones internacionales como el GDPR si tratan con datos de ciudadanos europeos.

Medidas Esenciales: Es imperativo implementar políticas y procedimientos robustos de seguridad de la información. Esto incluye el uso de cifrado para datos en tránsito y en reposo, controles de acceso estrictos (*basados en roles, principio de mínimo privilegio*), autenticación multifactor (*MFA*), realización de auditorías de seguridad periódicas , desarrollo de planes de respuesta a incidentes, y una cuidadosa selección y evaluación (*due diligence*) de los proveedores tecnológicos para asegurar que cumplen con los estándares de seguridad requeridos.

Ética en el Uso de la Inteligencia Artificial:

- **Sesgo Algorítmico:** Los sistemas de Inteligencia Artificial aprenden de los datos con los que son entrenados. Si estos datos reflejan sesgos históricos (*raciales, de género, socioeconómicos*), la Inteligencia Artificial puede perpetuarlos o incluso amplificarlos. Esto es particularmente preocupante en aplicaciones legales como análisis predictivo de reincidencia, evaluación de riesgos en contratación o incluso en la priorización de casos, pudiendo llevar a resultados discriminatorios o injustos.

- **Opacidad y Falta de Explicabilidad (Problema de la "Caja Negra"):** A menudo es difícil, incluso para los expertos, entender exactamente cómo un modelo complejo de Inteligencia Artificial (*especialmente de Deep Learning*) llega a una determinada conclusión o recomendación. Esta falta de transparencia dificulta la validación de los resultados, la detección de errores o sesgos, y la rendición de cuentas.

- **Responsabilidad por Errores de la IA:** Si una herramienta de Inteligencia Artificial proporciona información incorrecta (*cita legal inexistente, "alucinación"*), un análisis erróneo o una predicción sesgada que lleva a una mala decisión legal con consecuencias negativas para el cliente, surge la compleja pregunta de quién es responsable: ¿el desarrollador de la IA, el despacho que la implementó, o el abogado que confió en ella?. Esto subraya la necesidad imperativa de **supervisión humana crítica** en todas las aplicaciones de Inteligencia Artificial en el ámbito legal.

- **Precisión y Fiabilidad:** La preocupación por la precisión de los resultados de la IA, especialmente la generativa, es una barrera importante para su adopción. Los abogados deben ser conscientes de la posibilidad de "alucinaciones" y verificar rigurosamente toda información o borrador generado por Inteligencia Artificial antes de utilizarlo.

- **Directrices Éticas:** Se requiere el desarrollo y la adhesión a principios éticos claros, tanto a nivel de políticas internas del despacho como de guías emitidas por colegios de abogados y organismos internacionales. Esto incluye la transparencia con los clientes sobre el uso de Inteligencia Artificial, la diligencia debida en la selección y uso de herramientas, y la formación continua en ética de la Inteligencia Artificial para todo el personal.

Navegación del Entorno Regulatorio:

- **Marco Normativo en Evolución:** La regulación específica de la Inteligencia Artificial es un campo emergente y en rápida evolución a nivel global. La Unión Europea ha sido pionera con su Ley de Inteligencia Artificial, pero en LATAM, aunque hay iniciativas y proyectos de ley en varios países (*México, Brasil, Chile, Argentina*), todavía existe una falta de unificación y posibles vacíos regulatorios.

- **Áreas de Enfoque Regulatorio:** Las regulaciones tienden a centrarse en áreas como la protección de datos personales en el contexto de la IA, la ciberseguridad de los sistemas de IA, la transparencia algorítmica, la prevención de la discriminación, la asignación de responsabilidad, y los derechos de los individuos frente a decisiones automatizadas.

- **Necesidad de Vigilancia:** Los despachos deben mantenerse constantemente actualizados sobre los desarrollos legislativos y regulatorios relevantes en las jurisdicciones donde operan y donde residen sus clientes. Deben estar preparados para adaptar sus políticas y prácticas internas a medida que evolucionan las normativas.

Para los abogados en LATAM, estos retos presentan una doble dimensión. Asegurarse de utilizar la Transformación Digital y la Inteligencia Artificial de manera ética, segura y conforme a la ley dentro de su propia práctica y estar preparados para **asesorar a sus clientes** (*muchos de los cuales serán también PyMEs que están adoptando estas tecnologías*) sobre los crecientes riesgos legales, éticos y de cumplimiento asociados a la Inteligencia Artificial en sus propios negocios. Esto exige una comprensión más profunda del mero uso de la tecnología, abarcando sus implicaciones sistémicas, lo que representa tanto un desafío de aprendizaje continuo como una oportunidad para ofrecer un asesoramiento de alto valor.

▲ **Cuidado: Datos Sensibles, IA Delicada: Navegando la Ley y la Ética Digital:** La privacidad del cliente es sagrada, y la IA, un arma de doble filo. Protege los datos con rigor, elige herramientas éticas (sin sesgos ocultos) y mantente al día con las leyes digitales en evolución. ¡La confianza se gana con seguridad y transparencia!

Preguntas para la Reflexión sobre los Retos y las Consideraciones:

La adopción de la Transformación Digital y la Inteligencia Artificial en tu despacho no es un camino exento de obstáculos. Reconocer y abordar proactivamente estos desafíos es fundamental para una implementación exitosa y para evitar contratiempos costosos. Las siguientes preguntas están diseñadas para que examines críticamente las posibles barreras y comiences a idear estrategias para superarlas, asegurando así una transición tecnológica informada y efectiva para tu negocio legal.

Costos iniciales y accesibilidad

La inversión es una parte inherente de cualquier avance. Sin embargo, para los, es crucial evaluar cuidadosamente los costos asociados a la adopción tecnológica. Reflexiona sobre tu situación financiera actual y las posibles vías para hacer que la TD y la IA sean accesibles sin comprometer la estabilidad económica de tu negocio. Las siguientes preguntas te ayudarán a analizar estos aspectos desde una perspectiva empresarial realista.

1. ¿Cuál es el presupuesto máximo que tu despacho podría destinar a la adopción de nuevas tecnologías en los próximos 12-24 meses sin afectar significativamente tu flujo de caja operativo?

2. ¿Has realizado un análisis detallado del Retorno de la Inversión (ROI) esperado para las diferentes soluciones tecnológicas que estás considerando? ¿Cuáles ofrecen el ROI más rápido y claro para tu despacho?

3. ¿Qué áreas de tu despacho podrían beneficiarse de soluciones tecnológicas de bajo costo o incluso gratuitas (freemium) para iniciar tu proceso de transformación digital?

4. ¿Has investigado la existencia de programas de apoyo gubernamentales,

subsidios o líneas de crédito especiales para la digitalización de pequeñas empresas en tu región de LATAM?

5. ¿Qué modelos de precios de software (pago único, suscripción mensual/anual, pago por uso) se adaptan mejor a la estructura de costos y la previsibilidad financiera de tu despacho?

6. ¿Cuál es el costo de oportunidad de no invertir en tecnologías que podrían aumentar la eficiencia y la rentabilidad de tu despacho a largo plazo?

Capacitación y cambio cultural

La tecnología más avanzada es inútil sin un equipo que la comprenda y la utilice eficazmente. El factor humano es central en la transformación digital. Reflexiona sobre la disposición de tu equipo al cambio y las inversiones necesarias para desarrollar las habilidades digitales requeridas. Las siguientes preguntas te guiarán en la evaluación de este aspecto crucial para el éxito de la implementación.

1. ¿Cuál es el nivel actual de habilidades digitales de tu equipo (abogados y personal de apoyo)?

2. ¿Dónde identificamos las mayores brechas de conocimiento para la adopción de nuevas tecnologías?

3. ¿Cómo planeas abordar la posible resistencia al cambio dentro de tu despacho? ¿Qué estrategias de comunicación y participación se implementarán para fomentar una cultura de innovación?

4. ¿Qué presupuesto estás dispuesto a invertir en la capacitación inicial y continua de tu equipo en el uso de nuevas herramientas y en la comprensión de conceptos como la IA y la ciberseguridad?

5. ¿Cómo medir la efectividad de los programas de capacitación y cómo asegurar la adopción a largo plazo de las nuevas tecnologías en el flujo de trabajo diario de tu despacho?

6. ¿Has considerado la posibilidad de designar "embajadores digitales" dentro de tu equipo que lideren y apoyen la adopción de nuevas herramientas?

7. ¿Cuál es el costo de oportunidad de no invertir en la capacitación de tu equipo y, por lo tanto, no aprovechar al máximo el potencial de las tecnologías implementadas?

Privacidad, ética y regulación

La confianza y el cumplimiento normativo son pilares fundamentales. La adopción de estas tecnologías introduce nuevas complejidades en estas áreas críticas. Reflexiona sobre los riesgos potenciales y las medidas necesarias para garantizar la privacidad de los datos de tus clientes, mantener altos estándares éticos en el uso de la tecnología y cumplir con las regulaciones vigentes y futuras. Las siguientes preguntas te ayudarán a abordar estas consideraciones desde una perspectiva de gestión de riesgos y responsabilidad empresarial.

1. ¿Qué medidas de seguridad de la información tienes implementadas actualmente para proteger los datos confidenciales de tus clientes?

2. ¿Cómo planeas fortalecer estas medidas al adoptar soluciones digitales y herramientas de IA?

3. ¿Has evaluado los riesgos de privacidad y seguridad asociados con los proveedores de tecnología que estás considerando (*especialmente aquellos que almacenan datos en la nube o utilizan IA*)? ¿Qué procesos de *due diligence* llevas a cabo?

4. ¿Cómo te aseguras de que el uso de herramientas de IA en tu despacho se realice de manera ética, evitando sesgos algorítmicos y garantizando la transparencia y la supervisión humana en las decisiones importantes?

5. ¿Has establecido protocolos claros sobre el uso de herramientas de IA generativa por parte de tu equipo para evitar la divulgación de información confidencial o la dependencia excesiva de resultados no verificados?

6. ¿Estás al tanto de las leyes de protección de datos personales vigentes en las jurisdicciones donde operas y cómo planeas asegurar el cumplimiento al digitalizar tus procesos y utilizar IA?

7. ¿Cómo te mantendrás actualizado sobre la evolución de las regulaciones en materia de inteligencia artificial y cómo adaptarás tus políticas y prácticas internas para garantizar el cumplimiento continuo?

8. ¿Cuál es el costo potencial (financiero y reputacional) de una brecha de seguridad de datos o de una falta de cumplimiento normativo en el contexto de la adopción tecnológica?

Superar estos retos no es inmediato, pero tampoco inalcanzable. Con una estrategia progresiva y recursos adecuados, incluso los despachos más pequeños pueden avanzar hacia un modelo más digital, ético y eficiente. El siguiente capítulo explora precisamente cómo dar los primeros pasos en esta transformación.

📌 Qué aprendiste:

La implementación de TD e IA en pequeños despachos en LATAM enfrenta retos como la inversión inicial, los costos continuos y la accesibilidad financiera, exacerbados por un ecosistema de financiación LegalTech menos desarrollado y la variabilidad de la infraestructura.

La resistencia al cambio, la brecha de habilidades digitales y la necesidad de una cultura de innovación son desafíos clave en la capacitación y el cambio cultural. La gestión activa del cambio y la inversión en formación continua son cruciales.

La privacidad y seguridad de los datos son primordiales debido a la naturaleza confidencial de la información legal. Los riesgos inherentes a la digitalización y la IA exigen medidas robustas y el cumplimiento de obligaciones legales y éticas.

La ética en el uso de la IA, incluyendo el sesgo algorítmico, la opacidad y la responsabilidad por errores, requiere supervisión humana y directrices claras.

Navegar por un entorno regulatorio en evolución en LATAM, con iniciativas pero sin unificación, exige vigilancia y adaptación constante.

🔴 Pregunta estratégica:

De los retos de costos, cambio cultural y cumplimiento normativo, ¿cuál representa el mayor obstáculo potencial para la adopción exitosa de TD e IA en nuestro despacho, y qué tres acciones concretas podemos tomar en los próximos tres meses para mitigar ese riesgo específico?

Capítulo 5

Primeros pasos para la integración efectiva

Iniciar el camino hacia la Transformación Digital (TD) y la Inteligencia Artificial (IA) puede parecer abrumador para un micro o pequeño despacho de abogados, especialmente cuando se consideran limitaciones presupuestarias, de infraestructura o de personal especializado. Sin embargo, un enfoque estructurado, práctico, y progresivo, basado en una visión clara y objetivos alcanzables, puede convertir ese desafío inicial en una oportunidad real de crecimiento y diferenciación competitiva.

Esta sección detalla los primeros pasos esenciales que todo despacho debe considerar para implementar con éxito la TD y la IA, minimizando riesgos y maximizando resultados.

Diagnóstico: ¿en qué procesos podría ayudarte?

Antes de invertir en cualquier tecnología, necesitas ser claro y realizar un diagnóstico interno para comprender las necesidades reales y las oportunidades más prometedoras. Este diagnóstico debe ser pragmático y enfocado en resultados tangibles.

Paso 1: Autoevaluación Sincera del Estado Actual

Qué hacer:

Realizar un inventario de la tecnología que ya se utiliza en el despacho (*hardware, software, suscripciones*). Evaluar cómo se realizan actualmente los procesos clave: ¿son mayoritariamente manuales, basados en papel, o ya existe algún nivel de digitalización?. Analizar la cultura del despacho respecto a la tecnología: ¿hay apertura al cambio o resistencia? ¿Cuál es el nivel general de habilidades digitales del equipo?. Utilizar marcos de evaluación de madurez digital si es posible, aunque sea de forma simplificada.

Por qué es importante: Establecer una línea de base clara es esencial para identificar brechas, definir objetivos realistas y medir el progreso futuro. Permite entender dónde se está parado antes de decidir hacia dónde ir.

> 🏹 **Reflexión Clave: Conócete a Ti Mismo (Digitalmente):** Antes de correr, camina. Haz un inventario honesto de tu tecnología, procesos y la "mentalidad digital" de tu equipo. ¡Saber dónde estás es el primer paso para llegar a donde quieres ir!

Paso 2: Identificación de Puntos de Dolor y Cuellos de Botella

Qué hacer:

Mapear los flujos de trabajo más importantes del despacho. Esto incluye desde la captación y onboarding de clientes, pasando por la gestión diaria de casos (*comunicación, redacción, investigación, seguimiento de plazos*), hasta la facturación y el cobro. Durante este mapeo, identificar activamente las áreas que generan problemas recurrentes:

- Tareas que consumen una cantidad desproporcionada de tiempo (*especialmente tiempo no facturable*).
- Procesos donde ocurren errores con frecuencia.
- Actividades que generan frustración en el equipo (*tediosas, repetitivas*).
- Aspectos del servicio que generan quejas o insatisfacción en los clientes (*lentitud, falta de información*).
- Cuellos de botella que limitan la capacidad del despacho para tomar más casos o crecer.

Por qué es importante: Enfocar los esfuerzos iniciales de TD/IA en resolver problemas reales y tangibles asegura que la inversión tecnológica tenga un impacto directo y perceptible en la eficiencia, la rentabilidad o la satisfacción del cliente. Preguntas guía podrían ser: ¿Dónde se pierde más tiempo administrativo? ¿Qué tarea repetitiva podríamos eliminar? ¿Qué proceso es más propenso a errores costosos? ¿Qué aspecto de nuestro servicio podríamos mejorar significativamente con tecnología?

📌 **Reflexión Clave: Ataca los "Dolores de Cabeza":** No automatices por automatizar. Identifica los procesos que más tiempo consumen, generan errores o frustración. ¡Resolver problemas reales con tecnología genera un impacto inmediato y tangible!

Paso 3: Identificación de Oportunidades de Automatización y Mejora con IA:

Qué hacer:

Conectar los puntos de dolor identificados con posibles soluciones tecnológicas, distinguiendo entre automatización simple y aplicaciones de IA. Para un despacho, las oportunidades iniciales suelen estar en:

- **Automatización de Tareas Administrativas:** Uso de software de gestión de prácticas para automatizar facturación, seguimiento de tiempo, recordatorios de plazos, agendamiento de citas.

- **Gestión Documental Eficiente:** Implementación de un DMS en la nube para organizar archivos, uso de plantillas para documentos estándar, herramientas de búsqueda inteligente, y potencialmente Inteligencia Artificial para clasificación básica o resumen.

- **Comunicación Optimizada:** Chatbots básicos para FAQs y captación inicial de leads, portales de cliente para compartir información.

- **Apoyo a la Investigación:** Herramientas de Inteligencia Artificial de bajo costo para búsqueda de jurisprudencia o legislación.

- **Redacción Asistida:** Inteligencia Artificial generativa para crear borradores iniciales de correos, cartas o cláusulas estándar (*con supervisión rigurosa*).

- **Marketing Digital:** Herramientas para análisis web básico, gestión de redes sociales, o generación de ideas de contenido.

Por qué es importante: Permite priorizar las aplicaciones tecnológicas que ofrecen la mejor relación impacto/viabilidad para el despacho. No se trata de adoptar por moda, sino de usarla (*o usar automatización simple*) para resolver problemas concretos.

📌 **Reflexión Clave: Tecnología con Propósito:** No te abrumes con la última moda en IA. Conecta tus "dolores" con soluciones tecnológicas específicas, empezando por la automatización sencilla y las herramientas de IA de bajo costo. ¡Cada solución debe resolver un problema real!

Paso 4: Exploración Preliminar de Herramientas:

Qué hacer:

Una vez que hayas identificado y priorizado los procesos que deseas transformar o automatizar dentro de tu despacho, es momento de iniciar una exploración preliminar de las herramientas tecnológicas disponibles en el mercado. Esta etapa debe enfocarse en realizar una investigación superficial, pero estratégica, acerca de las soluciones existentes. El objetivo es construir un panorama general de qué tecnologías pueden responder a tus necesidades específicas, sin comprometer aún recursos significativos.

Comienza elaborando una lista de herramientas potenciales. Busca opciones gratuitas, versiones freemium o soluciones de bajo costo que puedan ajustarse al tamaño y presupuesto. Examina páginas oficiales de los proveedores, explora comparativas de software especializado, consulta rankings de herramientas recomendadas para el sector legal y asiste, si es posible, a webinars o demos introductorias gratuitas.

En esta etapa, presta atención a las funcionalidades básicas que cada herramienta ofrece, su facilidad de uso, las opiniones de usuarios similares a tu perfil (*otros despachos pequeños, por ejemplo*) y la disponibilidad de soporte en tu región o idioma. También debes considerar factores como la posibilidad de escalabilidad a futuro, el cumplimiento con normativas de protección de datos, y la compatibilidad con los sistemas que ya utilizas.

Toma notas de las principales características de cada herramienta: qué problemas resuelve, qué tan fácil es de implementar, qué costos ocultos podría tener a largo plazo (por ejemplo, actualizaciones o límites de uso en la versión gratuita), y qué tan flexible es para adaptarse a las particularidades de tu despacho.

Por qué es importante: Esta fase es vital porque te permite aterrizar tus expectativas tecnológicas en posibilidades reales y accesibles. Muchas veces, los despachos pequeños imaginan que la digitalización o el uso de Inteligencia Artificial es inalcanzable por costos o complejidad, pero la realidad es que existen múltiples opciones asequibles y eficaces. La exploración preliminar ayuda a tener un primer contacto consciente con las alternativas disponibles, filtrar soluciones poco viables desde el inicio, visualizar rangos de inversión necesarios y preparar un terreno mucho más sólido para la siguiente fase de planificación detallada y toma de decisiones estratégicas.

Al invertir tiempo en esta investigación inicial, evitas caer en errores costosos de adopción impulsiva, alineas mejor las herramientas seleccionadas con tus verdaderas necesidades y construyes una base de conocimiento que fortalecerá todo tu proceso de Transformación Digital.

📌 **Reflexión Clave: Explora sin Comprometerte:** Investiga herramientas gratuitas o de bajo costo que resuelvan tus "dolores". ¡No te lances a ciegas! Prueba, compara y toma notas. Un panorama claro te ahorrará tiempo y dinero.

El objetivo de este diagnóstico para un micro o pequeño despacho no es producir un informe voluminoso, sino realizar un **ejercicio práctico y enfocado**. La meta es identificar **dos o tres áreas prioritarias** donde una intervención tecnológica (*sea automatización simple o Inteligencia Artificial accesible*) pueda generar un **beneficio rápido, medible y significativo** (*ahorrar X horas a la semana, reducir Y errores al mes, mejorar Z indicador de satisfacción del cliente*) y cuya implementación sea **factible** con los recursos (*tiempo, dinero, habilidades*) disponibles. Este enfoque pragmático, centrado en "quick wins" o victorias rápidas, maximiza la probabilidad de éxito inicial y crea la confianza y los recursos para abordar transformaciones más profundas en el futuro.

Plan de implementación esencial

Una vez realizado el diagnóstico y priorizadas las áreas de intervención, el siguiente paso es elaborar un plan de implementación básico. Para un despacho, este plan debe ser claro, accionable y flexible.

Paso 1: Definir Objetivos Claros y Medibles (SMART)

Qué hacer:

Convertir las prioridades del diagnóstico en objetivos específicos, medibles, alcanzables, relevantes y con un plazo definido (*SMART*). Cada objetivo debe responder a:

1. ¿Qué queremos lograr específicamente?
2. ¿Cómo mediremos el éxito?
3. ¿Es realista lograrlo con nuestros recursos?
4. ¿Es relevante para los problemas identificados y la estrategia general?
5. ¿Para cuándo queremos lograrlo?

Por qué es importante: Los objetivos SMART proporcionan una dirección clara, establecen expectativas realistas, permiten evaluar el progreso y el éxito de la implementación, y mantienen al equipo enfocado.

Ejemplo: *Objetivo:* Implementar un software de gestión de casos basado en la nube para centralizar la información de todos los casos nuevos y automatizar el seguimiento de plazos procesales, logrando una reducción del 100% en plazos olvidados y un acceso unificado a la información del caso por parte de todos los abogados en 6 meses. *Métricas:* Número de plazos olvidados (*antes vs. después*), tiempo promedio para encontrar un documento específico, feedback del equipo sobre la facilidad de acceso.

> 🐾 **Reflexión Clave: Metas Claras, Éxito Seguro:** Define objetivos SMART para tu transformación digital. ¿Qué quieres lograr? ¿Cómo lo medirás? ¿Es realista? ¿Importa? ¿Para cuándo? ¡Un plan claro es el mapa hacia el éxito!

Paso 2: Selección Cuidadosa de Herramientas y Proveedores

Antes de sumergirnos en las opciones, recordemos algo fundamental: la tecnología está aquí para ayudarte. No se trata de volverte un experto en informática de la noche a la mañana, sino de encontrar esas herramientas específicas que simplifiquen tu trabajo diario, te ahorren tiempo y te permitan enfocarte en lo que realmente importa: hacer crecer tu negocio. Piensa en la tecnología como un asistente inteligente que puede encargarse de tareas repetitivas o complejas, liberándote para tareas más estratégicas.

Qué hacer:

Profundizar la exploración iniciada en el diagnóstico para seleccionar la(s) herramienta(s) tecnológica(s) específica(s) que mejor se alineen con los objetivos SMART. Evaluar rigurosamente las opciones considerando:

1. **Funcionalidad:** ¿Cubre las necesidades prioritarias identificadas?
2. **Costo:** ¿Se ajusta al presupuesto (*costo inicial, suscripción, costos ocultos*)?
3. **Usabilidad:** ¿Es intuitiva y fácil de aprender para el equipo? (*Idealmente, buscar soluciones "sin código" o "low-code"*).
4. **Integración:** ¿Se integra bien con otras herramientas que ya se usan o se planea usar? (*Las APIs son clave*).
5. **Seguridad y Cumplimiento:** ¿Cumple con los estándares de seguridad necesarios y las regulaciones de protección de datos aplicables en mi país? ¿Qué políticas de privacidad tiene el proveedor, especialmente si es una herramienta de IA?.
6. **Soporte y Reputación del Proveedor:** ¿Ofrecen buen soporte técnico (idealmente en español)? ¿Qué dicen otros usuarios?.
7. **Escalabilidad:** ¿La herramienta podrá crecer con el despacho si es necesario?.

Por qué es importante: La elección de la herramienta incorrecta puede llevar al fracaso de la implementación, desperdicio de recursos y frustración del equipo. La seguridad y el cumplimiento son innegociables en el sector legal. Realizar pruebas gratuitas o solicitar demostraciones personalizadas es fundamental antes de tomar una decisión. Piensa que en el mundo actual, la tecnología avanza rápidamente. No adoptar herramientas que puedan facilitar tu trabajo puede significar quedarse atrás de la competencia, perder oportunidades de crecimiento y seguir dedicando tiempo a tareas manuales y repetitivas que podrían automatizarse. La tecnología, cuando se elige sabiamente, es una inversión en el futuro de tu negocio.

Si te sientes abrumado en algún punto, recuerda que no tienes que hacerlo todo solo. Además del soporte técnico que ofrecen los proveedores de las herramientas, considera buscar consultores independientes especializados en pequeñas empresas o incluso estudiantes de áreas tecnológicas que puedan ofrecerte ayuda inicial a un costo más accesible. Investiga si existen programas gubernamentales o iniciativas locales que brinden asesoría tecnológica para PyMEs en tu región. ¡No dudes en buscar ese apoyo extra!

Piensa en cómo la herramienta que elijas te ayudará a ahorrar tiempo, reducir errores o mejorar la satisfacción de tus clientes. Incluso una pequeña mejora en la eficiencia puede traducirse en más tiempo para generar ingresos o en clientes más contentos, lo cual tiene un valor incalculable a largo plazo. Visualizar estos beneficios concretos te ayudará a justificar la inversión y a mantenerte motivado durante el proceso de implementación.

Recuerda que la implementación tecnológica no tiene que ser una transformación radical de la noche a la mañana. Al elegir cuidadosamente tus primeras herramientas y asegurarte de que tu equipo las adopte de manera efectiva, estarás sentando las bases para un crecimiento tecnológico más sólido y sostenible en el futuro. Cada pequeña mejora cuenta y te acerca un paso más al éxito.

📌 **Reflexión Clave: Elige con Sabiduría, No por Moda:** No te deslumbres con todas las opciones. Evalúa cada herramienta según tus necesidades reales, presupuesto, facilidad de uso, seguridad y soporte. ¡Una buena elección es una inversión inteligente, no un gasto!

Paso 3: Crear un Roadmap Sencillo y Flexible:

Qué hacer:

Esbozar un cronograma realista que divida la implementación en fases manejables. Para cada fase, definir hitos clave, tareas específicas, quién es responsable y fechas límite aproximadas. Empieza con un alcance limitado (*implementar una sola herramienta o aplicarla a un solo proceso o a un pequeño grupo piloto*).

Por qué es importante: Un roadmap proporciona estructura y visibilidad al proceso. Un enfoque gradual minimiza el riesgo de disrupción, permite aprender y ajustar sobre la marcha, y genera "victorias rápidas" que motivan al equipo. La flexibilidad es clave para adaptarse a imprevistos o aprendizajes.

Ejemplo de Fases para un Sistema de Gestión Documental (DMS):

a. *Fase 1 (Semana 1-4):* Selección final y contratación del proveedor. Definición de estructura básica de carpetas.

b. *Fase 2 (Semana 5-8):* Configuración de la plataforma. Capacitación inicial a un grupo piloto (1-2 usuarios). Migración de 2-3 casos activos al sistema como prueba.

c. *Fase 3 (Semana 9-16):* Capacitación al resto del equipo. Inicio de uso del DMS para todos los casos *nuevos*. Recopilación de feedback inicial.

d. *Fase 4 (Semana 17+):* Evaluación del piloto. Ajustes en configuración o procesos. Planificación de migración de casos antiguos (*si aplica*).

📌 **Reflexión Clave: Paso a Paso, Triunfo Seguro:** No intentes digitalizar todo de golpe. Crea un plan sencillo con etapas claras, empieza con un piloto pequeño y celebra cada avance. ¡La paciencia y la flexibilidad son tus mejores aliados!

Paso 4: Asignar Recursos (Tiempo, Dinero, Personas):

Qué hacer:

Una vez que se han identificado los procesos a digitalizar, se han explorado herramientas preliminares y se ha elaborado una planificación inicial, el siguiente paso fundamental es la asignación formal de recursos. Esta asignación no debe tomarse a la ligera: un plan sin recursos específicos asignados tiene pocas probabilidades de éxito.

Detalla el presupuesto asignado para cada fase del plan de implementación. Esto debe incluir el costo de licencias de software o suscripciones, las horas de capacitación, costos de consultoría (*si decides apoyarte en un experto externo*), inversiones en hardware si es necesario (*como escáneres, almacenamiento adicional o mejoras en la conectividad*), y provisiones para futuras actualizaciones o ampliaciones.

Define claramente quién del equipo liderará la implementación. Esta persona no necesariamente debe ser un experto tecnológico, pero sí alguien con interés, disposición de aprendizaje y habilidades de coordinación. Puede ser un socio, un abogado joven con afinidad tecnológica o un asistente con perfil de gestor de proyectos. Además, identifica quiénes participarán en los proyectos piloto, es decir, en las primeras pruebas y ajustes del uso de las nuevas herramientas, y quién será responsable de tareas específicas como la migración de datos, configuraciones iniciales o pruebas de funcionalidad.

Sé extremadamente realista respecto al tiempo que el personal necesitará dedicar a aprender y adaptarse a las nuevas herramientas, además de cumplir con sus tareas habituales. No subestimes este factor: la resistencia al cambio y la falta de tiempo son dos de los principales motivos de fracaso en proyectos de transformación digital.

Considera establecer "espacios protegidos" en la agenda (*por ejemplo, dedicar una hora semanal durante dos meses exclusivamente para capacitación y ajuste*) y reconocer de alguna manera el esfuerzo adicional que este cambio implica para el equipo.

Por qué es importante: Asignar recursos de forma explícita asegura que el plan sea financieramente viable y operativamente ejecutable. Clarificar presupuestos desde el inicio evita desviaciones inesperadas que podrían poner en riesgo todo el proyecto. Definir roles y responsabilidades precisas previene sobrecargas de trabajo, vacíos de liderazgo o la dilución de la implementación en el caos operativo diario.

Cuando todos los involucrados saben qué se espera de ellos, cuánto esfuerzo deberán invertir, qué recursos tienen disponibles y qué beneficios obtendrán, el proceso de adopción tecnológica se vuelve mucho más fluido, motivador y exitoso. Además, esta asignación clara crea un sentido de compromiso, pertenencia y responsabilidad compartida que es fundamental para consolidar una cultura de innovación continua dentro del despacho.

En resumen, asignar adecuadamente tiempo, dinero y personas desde el principio facilita la ejecución del proyecto y construye las bases de una evolución sostenible y alineada con la estrategia a largo plazo del despacho.

> 🐾 **Reflexión Clave: Sin Recursos, No Hay Paraíso Digital:** Define claramente el presupuesto, quién lidera, quién participa y cuánto tiempo se invertirá. ¡Un plan con recursos asignados es un plan con posibilidades reales de éxito!

Paso 5: Planificar la Gestión del Cambio y la Capacitación:

Qué hacer:

Planificar de manera estructurada la gestión del cambio asegura que la adopción de nuevas tecnologías sea además de técnica, cultural. Diseña cuidadosamente cómo comunicarás al equipo el propósito y los beneficios esperados de la Transformación Digital y la implementación de herramientas de Inteligencia Artificial. Prepara mensajes claros que expliquen el "qué" se va a cambiar y principalmente el "por qué" se realiza el cambio y "cómo" impactará positivamente en su trabajo diario.

Abordar desde el inicio las posibles preocupaciones que surjan entre los colaboradores, tales como temores a la sustitución laboral, incertidumbre sobre el uso de nuevas herramientas o ansiedad por la curva de aprendizaje. Para ello, organiza sesiones informativas donde se promueva un diálogo abierto, resolviendo dudas de manera empática y transparente.

Planifica sesiones de capacitación prácticas, específicas y adaptadas a las herramientas seleccionadas. Estas sesiones deben ser interactivas, basadas en casos de uso reales, y programadas de forma gradual para evitar saturación. Considera complementar la formación formal con materiales de autoaprendizaje como tutoriales, guías rápidas o videos cortos.

Establece también canales de comunicación abiertos y constantes —como buzones de sugerencias, reuniones breves de retroalimentación o encuestas rápidas— para recoger feedback continuo tanto durante como después de la implementación. Este feedback permitirá detectar dificultades a tiempo, realizar ajustes necesarios y reforzar el compromiso del equipo.

Fomenta activamente una cultura de apoyo mutuo, colaboración y paciencia durante la transición. Reconoce y celebra los avances, por pequeños que sean, y promueve la figura de "usuarios campeones" o "embajadores del cambio", colaboradores que adopten rápidamente las herramientas y sirvan de modelo para otros.

Por qué es importante: La gestión del cambio y la capacitación adecuada son los factores críticos que determinan si la inversión en tecnología realmente se traduce en beneficios tangibles. La resistencia natural al cambio es uno de los principales obstáculos en procesos de transformación; por ello, una estrategia sólida de comunicación, formación y acompañamiento es esencial.

La verdadera adopción tecnológica ocurre cuando los usuarios no usan las herramientas porque "deben", sino porque entienden su valor, se sienten cómodos usándolas y perciben mejoras reales en su desempeño diario. Cuando se logra este nivel de adopción consciente, la organización aprovecha la inversión realizada y construye una cultura de innovación continua, apertura al aprendizaje y resiliencia ante los cambios futuros.

En resumen, planificar con detalle cómo se gestionará el cambio y cómo se capacitará al equipo es la diferencia entre un proyecto de transformación exitoso y uno que, a pesar de contar con buena tecnología, fracasa por falta de adopción humana.

> 🎯 **Reflexión Clave: La Tecnología es Humana:** No lances las herramientas y esperes magia. Planifica cómo comunicar, capacitar y apoyar a tu equipo en el cambio. ¡Una adopción entusiasta es el verdadero motor de la transformación digital!

Paso 6: Integrar la Seguridad y el Cumplimiento desde el Diseño

Qué hacer:

Asegurarse de que las herramientas tecnológicas seleccionadas y los nuevos procesos diseñados para el despacho incorporen, desde su concepción y planificación, las mejores prácticas de seguridad de la información, protección de datos personales y cumplimiento normativo aplicable en tu país. No basta con pensar en la seguridad al final del proyecto; debe ser una prioridad transversal que acompañe cada fase de la implementación.

Para ello, es necesario:

1. Verificar que todos los sistemas y aplicaciones utilizados **cumplan con estándares reconocidos de seguridad** (como encriptación de datos en reposo y en tránsito, autenticación de dos factores, auditorías periódicas).

2. Comprobar que los proveedores de software o servicios en la nube **tengan certificaciones relevantes** (*por ejemplo, ISO 27001, SOC 2*) y

políticas claras de protección de datos.

3. Asegurar que se **cumple con la normativa de protección de datos personales vigente** en el país o región donde opera el despacho (*como la Ley Federal de Protección de Datos Personales en Posesión de los Particulares en México o leyes similares en otros países*).

4. Incluir **cláusulas de confidencialidad y de protección de datos en contratos con terceros** que manejen información sensible.

5. Desarrollar o actualizar las **políticas internas** del despacho en materia de:
   a. **Uso aceptable d**e tecnologías digitales.
   b. **Seguridad de la información** y **manejo de incidentes**.
   c. **Uso ético** de la Inteligencia Artificial.
   d. **Protección de la confidencialidad** abogado-cliente en entornos digitales.

6. **Capacitar al equipo en buenas prácticas** de ciberseguridad, protección de datos personales y uso ético de la tecnología, integrando estos temas como parte de la formación continua.

Por qué es importante: La seguridad y el cumplimiento no pueden ser una ocurrencia tardía ni un añadido superficial al final del proceso de transformación; deben estar integrados desde el diseño mismo de las soluciones. Incorporar seguridad y cumplimiento desde el inicio ayuda a:

• Mitigar riesgos legales graves, como sanciones económicas, responsabilidad civil, pérdida de licencias profesionales o daño reputacional.
• Proteger la información confidencial de los clientes, que constituye uno de los activos más valiosos del despacho.
• Generar confianza con clientes actuales y potenciales, demostrando un compromiso proactivo con la protección de sus intereses.
• Reducir la posibilidad de incidentes de seguridad (filtraciones, hackeos, pérdidas de datos) que podrían afectar gravemente la continuidad operativa del despacho.
• Alinear el despacho con las mejores prácticas internacionales, lo cual puede abrir nuevas oportunidades de negocio, especialmente con clientes corporativos o internacionales que exigen altos estándares de cumplimiento.

En resumen, la seguridad y el cumplimiento desde el diseño protege al despacho de riesgos, constituyendo un diferenciador competitivo clave en su entorno legal..

🎯 **Reflexión Clave: Seguridad Primero, Problemas Cero:** No dejes la seguridad y el cumplimiento para el final. Intégralos en cada paso de tu transformación digital. ¡Proteger los datos de tus clientes es proteger tu reputación y tu futuro!

La **simplicidad, el enfoque y la flexibilidad** son elementos clave en el diseño y ejecución de un plan de implementación de Transformación Digital e Inteligencia

Artificial en el sector. Comprender que, en tu entorno, intentar abarcar demasiado o perseguir soluciones muy ambiciosas puede derivar en el fracaso del proyecto. Por ello, es recomendable optar por un plan sencillo pero bien estructurado, que se centre en la implementación exitosa de una o dos herramientas que resuelvan problemas reales y de alto impacto dentro del despacho.

Es preferible comenzar con pequeñas victorias que generen resultados visibles y medibles, fortaleciendo así la confianza del equipo y construyendo una cultura de cambio progresivo. Una herramienta de automatización de citas o de gestión documental puede tener un impacto mucho más significativo y tangible en la operación diaria que intentar, desde el inicio, desplegar un ecosistema tecnológico complejo que sobrepase la capacidad de adopción y gestión de la organización.

El plan de implementación debe ser realista y debe estar alineado con las capacidades actuales del despacho, considerando factores como el nivel de alfabetización digital del equipo, el presupuesto disponible, el tiempo que pueden dedicar a la adopción de nuevas herramientas, y la infraestructura tecnológica existente. Cada paso debe ser cuidadosamente planificado, asignando responsables claros, estableciendo metas alcanzables y definiendo métricas específicas para evaluar el éxito de cada fase.

El roadmap de implementación debe ser concebido como una herramienta viva, no como un documento rígido e inmutable. La Transformación Digital es un proceso dinámico que inevitablemente enfrentará desafíos, imprevistos y oportunidades no anticipadas. Así que establece una cultura de revisión periódica del plan: evaluar avances, identificar obstáculos, aprender de los errores y realizar los ajustes necesarios de manera ágil y pragmática.

Esta flexibilidad estratégica permitirá que el despacho evolucione de forma sostenible, aprendiendo y adaptándose en el camino, en lugar de quedar atrapado en una "parálisis por análisis" donde se sobre-planifica pero no se ejecuta. El verdadero éxito en la adopción tecnológica radica en la acción constante, el aprendizaje continuo y la capacidad de ajustar el rumbo cuando sea necesario, siempre enfocados en maximizar el valor para el despacho y sus clientes.

En definitiva, la simplicidad en el enfoque inicial, el compromiso firme con la ejecución efectiva y la flexibilidad para adaptarse en función de los resultados obtenidos son los pilares que marcarán la diferencia entre un proyecto de Transformación Digital que se queda en buenas intenciones y uno que realmente transforma, impulsa y fortalece a los micro y pequeños despachos de abogados.

Medición de resultados y mejora continua

La implementación de la Transformación Digital (*TD*) y la Inteligencia Artificial (*IA*),al ser un proceso continuo, dinámico y evolutivo de mejora permanente que exige una mentalidad de adaptación constante, revisión estratégica y optimización progresiva de las tecnologías y procesos involucrados.
La medición sistemática de resultados se convierte en un pilar crítico. Permite

evaluar de manera objetiva el éxito o las áreas de oportunidad de las iniciativas implementadas, proporciona la evidencia necesaria para justificar inversiones futuras, identifica rápidamente desviaciones o ineficiencias, y fundamenta las decisiones estratégicas sobre la evolución del ecosistema digital del despacho.

Medir implica establecer indicadores de desempeño (*KPIs*) desde el inicio, alineados con los objetivos estratégicos definidos durante la planeación. Estos KPIs pueden incluir métricas como:

- Tiempo promedio ahorrado en tareas automatizadas.
- Reducción de errores documentales o administrativos.
- Incremento en la satisfacción del cliente (medida a través de encuestas breves).
- Número de nuevos clientes captados mediante canales digitales.
- Retorno sobre la inversión (ROI) de las herramientas implementadas.
- Nivel de adopción y uso efectivo de las nuevas tecnologías por parte del equipo.

La evaluación debe ser periódica (*mensual, trimestral o semestral, según el proyecto*), permitiendo visualizar tendencias, no únicamente fotografías aisladas del desempeño. Debe incluir, además, datos cuantitativos como cualitativos, incorporando la voz del equipo y de los clientes para una comprensión más integral del impacto logrado.

Una vez obtenidos los resultados, deben ser analizarlos de forma crítica y constructiva. Los éxitos deben ser reconocidos y replicados, mientras que los errores o áreas de bajo desempeño deben ser vistos como oportunidades de ajuste y aprendizaje. La mejora continua implica realizar ajustes tácticos —modificaciones en procesos, capacitación adicional, actualización de herramientas— e incluso estratégicos —replanteamiento de objetivos, cambio de prioridades tecnológicas— según lo exijan los hallazgos.

Asimismo, compartir los resultados de manera transparente dentro del despacho ayuda a fortalecer el compromiso con la transformación, genera un sentido de pertenencia y motiva al equipo a seguir innovando.

En definitiva, la medición rigurosa, el análisis honesto y la mejora continua no son actividades accesorias dentro de la Transformación Digital e Inteligencia Artificial: son, en realidad, el motor que garantiza que estos procesos generen resultados inmediatos y construyan una ventaja competitiva sostenible en el tiempo para los despachos de abogados que se atreven a liderar el cambio.

Paso 1: Establecer Indicadores Clave de Rendimiento (KPIs)

Qué hacer:

Definir métricas específicas y cuantificables (KPIs) que estén directamente vinculadas a los objetivos SMART establecidos en el plan de implementación. Estos KPIs deben cubrir diferentes dimensiones del desempeño del despacho.

Por qué es importante: Los KPIs proporcionan una forma objetiva de medir el impacto de la transformación digital y la IA. Permiten ampliar la visión de las percepciones subjetivas y tomar decisiones basadas en datos.

Ejemplos de KPIs relevantes para despachos:

1. **Eficiencia Operativa:**
   a. Tiempo promedio por tarea específica (*antes vs. después de la automatización*).
   b. Número de horas facturables por abogado/por mes.
   c. Tasa de utilización (*horas facturables / horas trabajadas totales*).
   d. Tiempo dedicado a tareas administrativas (*antes vs. después*).
   e. Número de casos/proyectos gestionados por abogado/por período.

2. **Calidad y Precisión:**
   a. Tasa de errores en documentos o procesos específicos (*antes vs. después*).
   b. Número de plazos incumplidos.

3. **Financieros:**
   a. Tasa de realización (*cobrado / facturado*).
   b. Tiempo promedio de cobro de facturas.
   c. Rentabilidad por cliente o por tipo de caso.
   d. Costo operativo por caso o por empleado.
   e. Retorno de la Inversión (*ROI*) de las herramientas implementadas.

4. **Satisfacción del Cliente:**
   a. Índice de Satisfacción del Cliente (*CSAT*) (*medido por encuestas*).
   b. Net Promoter Score (*NPS*).
   c. Tasa de retención de clientes y nuevos clientes.
   d. Número de quejas o comentarios negativos.
   e. Tiempo de respuesta a consultas de clientes.

5. **Adopción Tecnológica y Satisfacción del Equipo:**
   a. Tasa de uso de las nuevas herramientas (*% de licencias activas*).
   b. Feedback cualitativo del equipo sobre la usabilidad y utilidad de las herramientas.
   c. Nivel de satisfacción de los empleados.

Es entendible que para muchas empresas, la idea de definir y monitorear una gran cantidad de KPIs puede parecer abrumadora al principio. La buena noticia es que no es necesario implementarlos todos a la vez. El objetivo es comenzar con foco y construir una cultura de medición de forma gradual. Aquí algunas mejores prácticas para facilitar este proceso de elección de KPIs:

1. **Menos es Más: Comienza con lo esencial.**

   No te sientas presionado a definir una larga lista de KPIs desde el inicio. Es mucho más efectivo identificar 2 o 3 métricas clave que estén directamente relacionadas con tus objetivos SMART más importantes. Por ejemplo, si tu objetivo principal es mejorar la eficiencia operativa, podrías comenzar midiendo el "Tiempo promedio por tarea específica" en un proceso clave antes y después de la implementación de una herramienta de automatización.

2. **KPIs con Propósito: Vinculados a tus Metas.**

   Asegúrate de que cada KPI que elijas tenga un propósito claro y esté directamente vinculado a uno de tus objetivos SMART. Pregúntate: "¿Cómo me ayudará medir este indicador a saber si estamos avanzando hacia nuestra meta?" Si la respuesta no es clara, es probable que ese KPI no sea prioritario en este momento.

3. **Enfócate en lo que Puedes Influir.**

   Elige KPIs sobre los cuales tu empresa tenga cierto grado de control o influencia. Medir métricas que dependen completamente de factores externos puede generar frustración y no te proporcionará información útil para la toma de decisiones internas.

4. **Simplicidad y Claridad:**

   KPIs Fáciles de Entender.Los KPIs deben ser fáciles de entender y comunicar a todo el equipo, incluso si no tienen experiencia en análisis de datos. Una métrica compleja y confusa no motivará a la acción ni facilitará la comprensión del progreso.

5. **Comienza con lo que ya Mides (Si Aplica):**

   Si tu despacho ya está rastreando ciertas métricas de forma intuitiva (*por ejemplo, el número de casos cerrados al mes*), considera si alguna de ellas puede formalizarse como un KPI inicial. Esto facilitará la transición hacia una cultura de medición más estructurada.

6. **La Importancia del "Antes y Después":**

   Estableciendo una Línea Base. Para medir el impacto de tus esfuerzos de transformación digital, es crucial establecer una línea base para los KPIs que elijas. Esto significa medir el valor de esos indicadores antes de implementar cualquier cambio o herramienta tecnológica. Así podrás comparar el progreso real a lo largo del tiempo.

7. **No te Obsesiones con la Perfección Inicial:**

   Es posible que los primeros KPIs que definas necesiten ajustes con el tiempo a medida que aprendes más sobre cómo la tecnología impacta tu negocio. No temas iterar y refinar tus métricas según sea necesario. Lo importante es comenzar a medir y aprender del proceso.

8. **Celebra los Pequeños Éxitos:**

   A medida que comiences a recopilar datos y observes mejoras en tus KPIs, celebra estos logros con tu equipo. Esto ayudará a fomentar una cultura positiva en torno a la medición y a demostrar el valor de la adopción tecnológica.

Un Camino Gradual hacia una Cultura de Datos:

La adopción de una cultura basada en KPIs es un viaje, no un destino. Para las micro y pequeñas empresas, lo más importante es dar los primeros pasos de manera informada y sin sentirse abrumado. Comienza con unos pocos KPIs relevantes, asegúrate de que estén alineados con tus objetivos y utiliza los datos recopilados para tomar decisiones más inteligentes. Con el tiempo y la experiencia, podrás ir incorporando métricas adicionales a medida que tu negocio evoluciona y tu equipo se familiariza más con el análisis de datos. ¡El poder de la información está al alcance de todos, solo hay que saber cómo empezar!

Paso 2: Implementar un Sistema de Seguimiento

Qué hacer:

Una vez definidos los KPIs estratégicos para evaluar la Transformación Digital y el uso de Inteligencia Artificial en el despacho, el siguiente paso crucial es implementar un sistema de seguimiento robusto, sistemático y sostenible que permita recopilar los datos necesarios de forma regular y precisa. Esta implementación no debe entenderse como un evento aislado, sino como la construcción de un mecanismo continuo de recolección y análisis de datos que soporte la toma de decisiones basada en evidencia.

Para ello, se deben considerar diversas fuentes de datos según las herramientas y procesos digitales que se hayan puesto en marcha:

1. Funcionalidades de reporting integradas en los propios softwares adoptados (por ejemplo, sistemas de gestión de expedientes, CRMs, plataformas de facturación electrónica o herramientas de automatización de marketing).
2. Configuración de reportes personalizados o dashboards automáticos que consoliden la información clave de forma visual y accesible.
3. Uso de hojas de cálculo bien estructuradas en los casos en que no se cuente aún con soluciones más avanzadas, asegurando que los responsables actualicen los datos de manera periódica y con formatos estandarizados.
4. Implementación progresiva de herramientas de análisis más sofisticadas

(como Google Data Studio, Power BI, o dashboards de CRM) si el presupuesto y el nivel de madurez tecnológica del despacho lo permiten.

Además, debe definirse claramente:

1. Quién o quiénes serán responsables de recopilar, actualizar y revisar la información.
2. Con qué frecuencia se realizará la recolección de datos (se recomienda como mínimo una revisión mensual o trimestral, dependiendo del indicador).
3. Qué protocolos de calidad de datos se establecerán para garantizar su fiabilidad (por ejemplo, validación cruzada, revisión de errores, protección de integridad).

Por qué es importante: Sin datos fiables, consistentes y obtenidos de forma regular, los KPIs pierden completamente su valor como instrumentos de gestión estratégica. La falta de un sistema de seguimiento sólido puede llevar a decisiones basadas en percepciones subjetivas, intuiciones o datos parciales, aumentando el riesgo de errores estratégicos y desperdicio de recursos.

Implementar un sistema de seguimiento riguroso permite:

1. Monitorear el avance real respecto a los objetivos de la transformación.
2. Identificar de manera temprana desviaciones o problemas en los procesos.
3. Ajustar estrategias de manera ágil antes de que los problemas se agraven.
4. Demostrar con evidencia concreta los logros alcanzados, lo cual fortalece la motivación interna y respalda la gestión ante socios, clientes o inversionistas.
5. Generar un aprendizaje organizacional acumulativo basado en datos históricos, que facilitará futuras fases de evolución tecnológica.

Es comprensible que la idea de construir un sistema de seguimiento de datos robusto pueda parecer una tarea monumental, especialmente cuando los recursos de tiempo, dinero y esfuerzo son limitados. Es natural sentirse así. Sin embargo, queremos enfatizar que este es un viaje que se construye paso a paso. No se trata de implementar un sistema perfecto de la noche a la mañana, sino de comenzar donde estás y avanzar de forma constante y estratégica.

Recuerda que incluso la recopilación y el análisis de unos pocos KPIs clave de manera regular puede ofrecerte una visión mucho más clara del desempeño de tu negocio que operar basándose únicamente en intuiciones.

Aquí te dejamos algunas ideas clave para abordar este proceso con calma:

1. **Empieza Sencillo:**

   No necesitas una plataforma sofisticada ni un equipo de analistas de datos al principio. Una hoja de cálculo bien organizada puede ser suficiente para rastrear tus primeros KPIs. Lo importante es la disciplina de registrar la información de manera consistente.

2. **Frecuencia Realista:**

La frecuencia con la que necesitas recopilar y analizar tus KPIs dependerá de la naturaleza de tu negocio y de los indicadores que elijas. Para empezar, podría ser semanal, quincenal o incluso mensual. Lo crucial es establecer una rutina que sea sostenible para tu carga de trabajo.

3. **Enfoque en el Aprendizaje:**

Considera este proceso como una oportunidad de aprendizaje. Los primeros datos que recopiles te ayudarán a entender mejor tu negocio y a identificar qué métricas son realmente valiosas para seguir. No te preocupes si al principio no todo es perfecto.

4. **Pequeñas Victorias, Grandes Avances:**

A medida que comiences a ver los beneficios de tener datos para respaldar tus decisiones, te sentirás más motivado a invertir más tiempo y recursos en refinar tu sistema de seguimiento. Celebra cada pequeño avance en este sentido.

5. **Herramientas que Crecen Contigo:**

A medida que tu negocio evoluciona y tus necesidades de seguimiento de datos se vuelven más complejas, podrás explorar herramientas más avanzadas. Pero no sientas la presión de empezar con la solución más costosa o elaborada.

El Objetivo Final: Una Brújula para tu Éxito a Largo Plazo

Construir un sistema de seguimiento de KPIs es una inversión a largo plazo en la salud y el crecimiento de tu despacho. Al comenzar de manera gradual y enfocándote en obtener datos fiables y consistentes sobre tus indicadores clave, estarás creando una brújula que te guiará hacia tus objetivos estratégicos. No te desanimes por la magnitud de la tarea; cada pequeño paso en la dirección correcta te acerca a una gestión más informada, eficiente y, en última instancia, más exitosa. ¡Tu camino hacia la Transformación Digital y la Inteligencia Artificial se construye con cimientos sólidos de datos, y esos cimientos se colocan ladrillo a ladrillo!

Paso 3: Analizar los Resultados y Comparar con Objetivos

Qué hacer:

De manera periódica —preferentemente de forma trimestral o según el ritmo que mejor se adapte a las operaciones del despacho—, se debe realizar un análisis estructurado y detallado de todos los datos recopilados para cada uno de los KPIs previamente definidos. Este análisis debe comparar los resultados actuales con la línea de base establecida antes de iniciar el proceso de transformación digital e implementación de inteligencia artificial y los objetivos SMART que se fijaron en la planificación inicial.

No te limites a observar cifras aisladas que en su mayoría no dicen mucho, identifica tendencias a lo largo del tiempo:

- ¿Están los indicadores mostrando una mejora sostenida?
- ¿Hay variaciones significativas en determinados periodos?
- ¿Se presentan anomalías o fluctuaciones inusuales que requieran una investigación más profunda?

Además, segmentar el análisis en distintas áreas clave (*por ejemplo: eficiencia operativa, calidad de servicio al cliente, rentabilidad, cumplimiento normativo*) para detectar de manera más precisa dónde se están generando los mayores impactos positivos y dónde persisten áreas de oportunidad o rezago.

El análisis debe ir acompañado de sesiones de revisión internas, donde se compartan los hallazgos con todo el equipo involucrado. Estas sesiones deben ser colaborativas y enfocadas en la mejora continua: celebrar los logros alcanzados, identificar las mejores prácticas que se pueden replicar, pero también reconocer con honestidad los puntos débiles que deben ser corregidos.

Por qué es importante: Realizar un análisis objetivo y profundo permite evaluar de manera realista si la implementación de tecnologías digitales y de inteligencia artificial está cumpliendo con los resultados esperados o si existen desviaciones relevantes que ameriten ajustes en la estrategia.

Comparar los resultados actuales con la línea base y los objetivos trazados proporciona claridad sobre el valor real de las inversiones tecnológicas realizadas. También ayuda a justificar futuras inversiones, a fundamentar decisiones de continuidad o pivoteo de proyectos, y a fortalecer la cultura organizacional basada en datos y evidencias.

Más aún, este proceso constante de análisis y comparación transforma la gestión del despacho: en lugar de actuar de forma reactiva, se pasa a un modelo de gestión proactiva, donde las decisiones se toman con base en información real, oportuna y accionable. Así, el despacho se posiciona como una organización moderna y eficiente y como una entidad capaz de adaptarse, evolucionar y liderar en un entorno legal cada vez más dinámico y competitivo.

.

📌 **Reflexión Clave: Los Números Hablan: Escucha y Aprende:** Analiza tus KPIs periódicamente y compáralos con tus objetivos iniciales. ¿Estás en el camino correcto? ¿Qué dicen los datos sobre tus avances y áreas de mejora? ¡Convierte la información en acción para optimizar tu estrategia digital!

Paso 4: Recopilar Feedback Cualitativo

Qué hacer:

Además de analizar los datos cuantitativos obtenidos a través de los KPIs establecidos, es muy rico complementar este análisis con el feedback cualitativo proveniente de diferentes fuentes internas y externas. Esta estrategia permitirá obtener una visión más completa y enriquecida del proceso de Transformación Digital e implementación de Inteligencia Artificial en el despacho.

Para ello, es recomendable diseñar e implementar mecanismos formales e informales de recolección de retroalimentación. Entre ellos se incluyen:

- Reuniones periódicas de revisión con el equipo de trabajo, donde se genere un espacio seguro para compartir experiencias, dificultades y propuestas de mejora.
- Encuestas de satisfacción interna breves y anónimas, enfocadas en medir la percepción sobre la utilidad, facilidad de uso y eficiencia de las nuevas herramientas adoptadas.
- Entrevistas individuales o grupales con usuarios clave para profundizar en aspectos específicos de la experiencia de adopción.
- Canales abiertos de comunicación, como buzones de sugerencias digitales o foros internos, donde cualquier miembro del equipo pueda expresar sus comentarios en el momento que lo desee.
- Solicitar, cuando sea pertinente, feedback externo de clientes sobre su experiencia con los nuevos procesos digitales implementados (*por ejemplo, facilidad para agendar citas online, claridad en la comunicación electrónica, rapidez en la gestión de casos*).

Este proceso de recopilación de feedback debe ser sistemático, es decir, planificado y recurrente, no limitado a una única ocasión. Además, debe estar orientado a explorar tanto los aspectos positivos como los negativos de la transformación, buscando siempre oportunidades de ajuste y mejora continua.

Por qué es importante: Los datos cuantitativos proporcionan información crucial sobre "qué" está ocurriendo en términos de desempeño y resultados; sin embargo, rara vez explican por sí mismos "por qué" esos resultados se están produciendo. Es en el feedback cualitativo donde emergen insights fundamentales que permiten entender las percepciones, motivaciones, resistencias, barreras y necesidades reales de las personas que interactúan día a día con las nuevas tecnologías.

El feedback cualitativo ayuda a identificar problemas de usabilidad que podrían pasar desapercibidos en los datos numéricos, detectar focos de resistencia cultural que entorpecen la adopción, descubrir oportunidades no previstas para mejorar procesos, y generar un ambiente de escucha activa que fortalezca el compromiso del equipo.

Incorporar de manera estructurada y constante la voz de quienes viven el cambio en el terreno, transforma la gestión del proyecto: en lugar de imponer soluciones desde una perspectiva puramente técnica, se construyen procesos verdaderamente centrados en las personas, más sostenibles, adaptables y exitosos en el largo plazo.

Y no necesitas convertirte en un experto en encuestas o entrevistas complejas de la noche a la mañana. Puedes comenzar con acciones más sencillas y adaptadas a tu realidad:

1. **La Reunión de Equipo como un Tesoro.**

   Las reuniones periódicas con tu equipo no solo son para revisar tareas. Utiliza un espacio seguro y abierto para preguntar directamente sobre sus experiencias con las nuevas herramientas. Fomenta la honestidad y la retroalimentación constructiva. Preguntas simples como "¿Qué está funcionando bien?" y "¿Qué podríamos hacer diferente?" pueden generar información valiosísima.

2. **La Conversación Informal.**

   Oídos Atentos: Estate atento a los comentarios espontáneos que surjan en el día a día. A veces, las mejores ideas o los mayores problemas se revelan en una conversación casual en la oficina o durante un café. Anima a tu equipo a compartir sus inquietudes y sugerencias de manera abierta.

3. **Encuestas Sencillas y Directas.**

   Si decides utilizar encuestas, no tienen que ser largas y elaboradas. Unas pocas preguntas clave y directas sobre la utilidad y facilidad de uso de una herramienta pueden ser suficientes para obtener información valiosa. Herramientas online gratuitas pueden facilitarte esta tarea.

4. **El Buzón de Sugerencias "Analógico".**

   A veces, una simple caja de sugerencias física puede ser menos intimidante que un foro digital para algunos miembros del equipo. Lo importante es demostrar que las opiniones se valoran y se toman en cuenta.

5. **Hablando con tus Clientes.**

   Preguntas Clave en Momentos Oportunos: No necesitas realizar encuestas formales a todos tus clientes. Después de implementar un nuevo proceso digital (como la agenda online), puedes preguntarles directamente cómo fue su experiencia. Un simple "¿Le resultó fácil agendar su cita online?" puede darte información valiosa.

6. **La Clave está en la Actitud:** Mostrar Interés Genuino.

Lo más importante al recopilar feedback cualitativo es demostrar un interés genuino en las opiniones de tu equipo y tus clientes. Cuando las personas sienten que su voz es escuchada y valorada, son más propensas a compartir información honesta y útil.

Un Proceso Continuo de Aprendizaje y Adaptación:

Ver la recopilación de feedback cualitativo como un proceso continuo de aprendizaje y adaptación puede hacer que la tarea sea menos intimidante. No se trata de encontrar todas las respuestas de inmediato, sino de establecer una cultura de escucha activa que te permita identificar problemas, celebrar éxitos y ajustar tu estrategia de Transformación Digital de manera constante.

Recuerda que cada comentario, cada sugerencia, es una oportunidad para mejorar y construir un despacho más eficiente, centrado en las personas y preparado para el futuro. ¡Empieza con lo que te sea más fácil e incorpora nuevas formas de escuchar a medida que te sientas más cómodo! La clave es comenzar y demostrar que las opiniones importan.

Paso 5: Iterar y Ajustar el Plan (Ciclo de Mejora Continua)

Qué hacer:

Basándose en el análisis detallado de los KPIs establecidos y el feedback cualitativo recolectado tanto de los colaboradores internos como de los clientes, tomar decisiones estratégicas informadas para ajustar y optimizar la estrategia de Transformación Digital e implementación de Inteligencia Artificial es el siguiente paso. Esta fase implica corregir errores o resolver problemas detectados además también identifica nuevas oportunidades de crecimiento, innovación y refinamiento de procesos.

Entre las acciones recomendadas se encuentran:

- Realizar ajustes en la configuración de las herramientas existentes para adaptarlas mejor a las necesidades reales del despacho.
- Proporcionar capacitación adicional específica en aquellas áreas donde el equipo haya manifestado dificultades o donde los resultados no estén cumpliendo las expectativas.
- Modificar o rediseñar los procesos de trabajo para maximizar el aprovechamiento de las herramientas digitales, eliminando cuellos de botella, redundancias o resistencias que afecten la eficiencia.
- Revisar o redefinir los objetivos estratégicos si las circunstancias del mercado, las prioridades internas o los recursos disponibles han cambiado significativamente.
- Considerar la exploración, evaluación e implementación de nuevas herramientas, funcionalidades o servicios que puedan potenciar aún más la transformación digital del despacho en una siguiente fase evolutiva.

Esta iteración no debe verse como un signo de falla, sino como una manifestación natural de un proceso de mejora continua basado en aprendizaje organizacional, resiliencia y visión estratégica.

Por qué es importante: El desarrollo digital no es un proceso dinámico, evolutivo y permanente que debe adaptarse a cambios constantes en el entorno tecnológico, regulatorio, competitivo y en las propias necesidades del despacho y los clientes.

Un enfoque de mejora continua permite:

- Asegurar que la tecnología siga alineada con los objetivos estratégicos reales del despacho.
- Anticipar y adaptarse ágilmente a nuevos desafíos o tendencias emergentes en el mercado legal y tecnológico.
- Optimizar el retorno sobre la inversión (ROI) en tecnología, maximizando los beneficios obtenidos a largo plazo.
- Construir una cultura organizacional flexible, resiliente e innovadora, capaz de liderar el cambio en lugar de ser arrastrada por él.

Adoptar el ciclo de iteración y ajuste como parte natural de la gestión estratégica tecnológica transforma al despacho en una entidad viva, en evolución constante, mejor preparada para afrontar los retos de un entorno legal cada vez más competitivo, digitalizado y orientado a la excelencia en el servicio al cliente.

En definitiva, la clave del éxito en la Transformación Digital y la adopción de Inteligencia Artificial no radica únicamente en iniciar el cambio, sino en sostenerlo, perfeccionarlo y expandirlo de manera inteligente y continua, guiados siempre por datos, aprendizajes y una visión estratégica clara.

La idea de iterar y ajustar constantemente nuestro plan de Transformación Digital e Inteligencia Artificial podría sonar como si la línea de meta se moviera sin cesar. Sin embargo, en la realidad de las empresas, este proceso de mejora continua se trata de realizar **ajustes inteligentes y graduales** basados en lo que vamos aprendiendo en el camino. No es una revisión completa constante, sino más bien una serie de pequeñas optimizaciones que, con el tiempo, generan grandes diferencias.

Piensa en ello como afinar un instrumento musical. No necesitas reconstruirlo cada vez que suena una nota desafinada. Simplemente realizas pequeños ajustes en las cuerdas hasta que la melodía sea perfecta. De manera similar, tu estrategia digital se beneficiará de ajustes periódicos basados en la información que recopiles.

Aquí te ofrecemos algunas perspectivas para abordar la iteración y el ajuste consciente:

1. **No Temas a los Cambios Pequeños.**

   A menudo, los ajustes más efectivos son los más simples. Cambiar una configuración en una herramienta, ofrecer una breve capacitación adicional o modificar un paso en un proceso puede tener un impacto significativo sin requerir una inversión masiva de tiempo o recursos.

2. **Prioriza los Ajustes Basados en Mayor Impacto.**

No sientas la necesidad de abordar todos los problemas o sugerencias a la vez. Enfócate en aquellos ajustes que, según tus datos y feedback, tendrán el mayor impacto positivo en tus objetivos y en la experiencia de tu equipo y tus clientes.

3. **Aprende de los "Pequeños Fallos".**

Los errores o las áreas de mejora no son signos de fracaso, sino oportunidades valiosas de aprendizaje. Ver la iteración como una forma de corregir el rumbo de manera temprana y evitar problemas mayores a largo plazo puede hacer que el proceso sea menos intimidante.

4. **La Iteración como Inversión a Largo Plazo:**

Piensa en cada ajuste como una inversión en la eficiencia, la satisfacción del cliente y la sostenibilidad de tu despacho a largo plazo. Aunque pueda requerir un esfuerzo inicial, los beneficios acumulados superarán la inversión.

Manteniendo el Rumbo con Flexibilidad:

El entorno digital y las necesidades de tus clientes están en constante evolución. Adoptar una mentalidad de mejora continua te permite mantener tu estrategia digital relevante y efectiva a lo largo del tiempo. No se trata de cambiar constantemente todo, sino de tener la flexibilidad de adaptarte y optimizar tu enfoque según lo que vayas aprendiendo.

Recuerda que la Transformación Digital y la adopción de Inteligencia Artificial son caminos de aprendizaje continuo. No esperes tener todas las respuestas al principio. La clave está en avanzar, medir, escuchar y ajustar tu rumbo de manera inteligente y gradual. ¡Cada iteración te acerca un poco más a una estrategia digital que realmente funcione para tu despacho!

Para los despachos, la clave de la medición y mejora continua es la **simplicidad y la relevancia**. No es necesario implementar docenas de KPIs complejos. Es mejor seleccionar **unos pocos indicadores (3-5) que sean realmente críticos** para los objetivos del despacho y que puedan medirse de forma sencilla y sostenible con las herramientas disponibles. El enfoque debe estar en usar la medición no como un ejercicio burocrático, sino como una herramienta práctica para **aprender rápidamente, ajustar el rumbo y asegurar que la inversión en Transformación Digital e Inteligencia Artificial está generando valor real** para el despacho y sus clientes.

Comunicar los Cambios: Cerrando el Círculo del Feedback y Celebrando los Avances (Por Pequeños que Sean)

Una vez que has dedicado tiempo y esfuerzo a recopilar feedback valioso de tu equipo y tus clientes, y has realizado ajustes en tu estrategia de Transformación Digital e Inteligencia Artificial basándote en esa información, el siguiente paso fundamental es **comunicar esos cambios de vuelta a quienes te brindaron su opinión.**

Hacer visible que las sugerencias y los comentarios se han tomado en serio y han llevado a acciones concretas tiene un impacto significativo:

1. **Valida la Participación.**

   Demuestra a tu equipo y a tus clientes que su opinión importa y que su tiempo y esfuerzo al proporcionar feedback han sido valorados. Esto fomenta una cultura de colaboración y participación continua.

2. **Genera Confianza y Compromiso.**

   Cuando las personas ven que sus comentarios se traducen en mejoras tangibles, se sienten más involucradas y comprometidas con el proceso de transformación. Esto puede ayudar a superar resistencias y a fomentar una adopción más entusiasta de las nuevas herramientas y procesos.

3. **Muestra Transparencia.**

   Comunicar los cambios, incluso si son pequeños, genera transparencia en el proceso de transformación. Esto ayuda a construir confianza y a alinear las expectativas de todos los involucrados.

4. **Refuerza la Cultura de Mejora Continua.**

   Al destacar que los avances son resultado directo del feedback, se refuerza la idea de que la mejora continua es un proceso colaborativo y valioso.

¿Cómo comunicar estos cambios de manera efectiva?

1. **Sé Directo y Específico.**

   Cuando anuncies un cambio, menciona explícitamente que se realizó en base al feedback recibido. Por ejemplo, podrías decir: "Gracias a sus comentarios sobre la dificultad para encontrar cierta información en nuestra nueva plataforma, hemos reorganizado el menú principal para facilitar la navegación".

2. **Utiliza tus Canales de Comunicación Existentes.**

No necesitas crear nuevos canales para esto. Utiliza tus reuniones de equipo, correos electrónicos internos, mensajes a clientes o incluso conversaciones informales para comunicar los avances.

3. **Reconoce las Contribuciones.**

Si es apropiado, reconoce las contribuciones específicas de individuos o grupos que proporcionaron feedback clave. Esto puede ser tan simple como mencionar en una reunión: "Queremos agradecer a [nombre del equipo/persona] por señalar este problema, lo hemos abordado de la siguiente manera...".

4. **Gestiona las Expectativas sobre el Ritmo de los Cambios.**

Es importante comunicar que la implementación de cambios basados en el feedback puede llevar tiempo y que se irán realizando de manera gradual para asegurar una transición fluida y pasos firmes. Mensajes como: "Estamos trabajando en implementar todas sus valiosas sugerencias. Algunos cambios los verán de inmediato, mientras que otros requerirán un poco más de tiempo. Les mantendremos informados de los avances" pueden ser muy útiles.

5. **Celebra los Pequeños Éxitos.**

Destaca y celebra cada mejora, por pequeña que sea. Esto ayuda a mantener la moral alta y a mostrar el progreso constante que se está logrando gracias a la colaboración de todos.

Un Mensaje de Paciencia y Progreso Constante:

Recuerda transmitir que la Transformación Digital y la adopción de Inteligencia Artificial son procesos evolutivos. Los avances no siempre serán espectaculares de la noche a la mañana, pero cada pequeño cambio basado en el feedback nos acerca un poco más a nuestros objetivos. Al comunicar estos avances de manera transparente, construyes un equipo y una base de clientes más comprometidos y comprensivos con el viaje. ¡Cada paso firme, por pequeño que sea, cuenta!

Implementar estos pasos no requiere perfección, sino consistencia y enfoque. En el próximo capítulo explicaremos cómo las herramientas tecnológicas disponibles hoy pueden ayudarte a ejecutar cada uno de estos pasos con mayor precisión y menor esfuerzo.

📌 Qué aprendiste:

El primer paso para la integración efectiva es un diagnóstico sincero del estado actual del despacho, identificando procesos, tecnología existente y cultura hacia el cambio.

Es crucial identificar los puntos de dolor y cuellos de botella en los flujos de trabajo para enfocar los esfuerzos de TD/IA en problemas reales.

Conectar los puntos de dolor con oportunidades de automatización (simple o con IA) permite priorizar aplicaciones tecnológicas con el mayor impacto.

Una exploración preliminar de herramientas gratuitas o de bajo costo ayuda a aterrizar expectativas y visualizar opciones accesibles.

Un plan de implementación esencial comienza con objetivos SMART, una selección cuidadosa de herramientas, un roadmap flexible y la asignación de recursos (tiempo, dinero, personas).

La gestión del cambio y la capacitación del equipo son fundamentales para la adopción exitosa.
Integrar la seguridad y el cumplimiento desde el diseño es crucial para proteger la información y evitar riesgos legales.

La medición de resultados se basa en establecer KPIs relevantes y un sistema de seguimiento para evaluar el impacto de la TD/IA.

Analizar los resultados y compararlos con los objetivos permite tomar decisiones informadas.

Recopilar feedback cualitativo del equipo y los clientes proporciona una comprensión más profunda de los desafíos y oportunidades.

Iterar y ajustar el plan continuamente, basándose en datos y feedback, asegura la mejora continua y la adaptación a las necesidades cambiantes.

Comunicar los cambios realizados en base al feedback recibido genera confianza, compromiso y refuerza la cultura de mejora continua.

🗨 Pregunta estratégica:

Considerando los primeros pasos y la importancia de la medición y la mejora continua, ¿cuál será nuestra principal prioridad para iniciar la integración de la TD/IA en el próximo trimestre, y cómo estableceremos un mecanismo sencillo para medir su impacto inicial y recopilar feedback del equipo?

Capítulo 6

Aplicaciones prácticas de la IA

La Inteligencia Artificial ofrece un abanico de aplicaciones prácticas que pueden transformar de manera profunda y estratégica el trabajo diario de los micro y pequeños despachos de abogados en América Latina (*LATAM*). Saliéndose de los grandes titulares tecnológicos, existen soluciones accesibles y tangibles que permiten a las firmas más pequeñas competir en eficiencia, calidad y alcance con estructuras mucho mayores.

A continuación, se detallan algunas de las áreas clave donde la Inteligencia Artificial puede aportar valor real, junto con ejemplos concretos de herramientas accesibles (*gratuitas, freemium o de bajo costo inicial*) que los despachos pueden explorar e implementar de manera práctica y progresiva. Es fundamental enfatizar que, especialmente al utilizar herramientas gratuitas o basadas en Inteligencia Artificial generativa de propósito general, deben extremarse las precauciones en cuanto a la protección de la confidencialidad de los datos, la verificación rigurosa de la información generada, y el cumplimiento de los estándares éticos y regulatorios aplicables al ejercicio legal.

Entre las principales aplicaciones prácticas destacan:

Atención al cliente: Chatbots legales, agenda automática

Mejorar la comunicación inicial, la disponibilidad y la eficiencia en la gestión de consultas y citas.

Chatbots Legales

Son programas de Inteligencia Artificial diseñados para interactuar con los visitantes del sitio web o clientes a través de mensajes de texto (*WhatsApp / Telegram / Facebook / IG etc.*). Pueden programarse para:

- Responder preguntas frecuentes (*FAQs*) sobre los servicios del despacho, áreas de práctica, horarios, ubicación, etc., liberando al personal de responder repetidamente las mismas consultas.
- Realizar una calificación inicial de leads (*clientes potenciales*), recopilando información básica de contacto y la naturaleza de la consulta.
- Guiar a los usuarios a través de formularios de admisión iniciales.
- Agendar consultas iniciales directamente en el calendario del abogado, según la disponibilidad preconfigurada.
- Ofrecer disponibilidad 24/7 para consultas básicas, mejorando la percepción de servicio del despacho.

🔧 **Herramientas Sugeridas: Chatbots Legales: Plataformas Fáciles de Usar:** Tidio, Intercom, Landbot, ManyChat. **Plataformas con IA:** Dialogflow (Google Cloud), IBM Watson Assistant, Rasa.

Agendamiento Automático

Herramientas que se integran con el calendario del abogado (*Google Calendar, Outlook Calendar*) y permiten a los clientes o prospectos ver la disponibilidad en tiempo real y reservar una cita directamente a través de un enlace web, eliminando la necesidad de intercambios de correos o llamadas para coordinar horarios. Algunas herramientas de Inteligencia Artificial pueden incluso gestionar la reprogramación o enviar recordatorios automáticos.

Beneficios:
1. Ahorro significativo de tiempo administrativo en la gestión de consultas iniciales y agendamiento.
2. Mejora la experiencia del cliente al ofrecer respuestas inmediatas y facilidad para reservar citas.
3. Captura de leads potenciales incluso fuera del horario laboral. Proyección de una imagen más moderna y eficiente.

Ejemplos de Herramientas Gratuitas/Bajo Costo:

- **Chatbots:**

  1. **Plataformas Generales** con Inteligencia Artificial *(con precaución):* Se pueden usar herramientas como ChatGPT (*versión gratuita o Plus*) o Claude para crear flujos de conversación básicos, pero requieren configuración cuidadosa y nunca deben usarse para dar asesoramiento

legal ni manejar información confidencial sin garantías adecuadas.

2. **Plataformas Específicas de Chatbots (Freemium/Bajo Costo):**

   a. **Tidio:** Ofrece un plan gratuito con funciones básicas de chatbot y chat en vivo.
   b. **HubSpot Chatbot Builder:** Incluido en el CRM gratuito de HubSpot, permite crear chatbots sencillos para captación de leads y agendamiento.
   c. **Social Intents:** Planes desde $49/mes, integración con Teams/Slack.
   d. **LawDroid:** Ofrece planes específicos para abogados, con un Copilot desde $15/usuario/mes y un Builder desde $99/usuario/mes.
   e. **DoNotPay:** Enfocado al consumidor, pero puede dar ideas.

3. **Agendamiento Automático:**

   a. **Calendly:** Ofrece un plan gratuito funcional para un usuario y un tipo de evento, con integraciones básicas de calendario. Planes pagos desde $10/usuario/mes.
   b. **Reclaim.ai:** Plan gratuito (*"Lite"*) para 1 usuario, con funciones limitadas de hábitos y enlaces de agendamiento. Planes pagos desde $8/usuario/mes.
   c. **HubSpot Meetings:** Incluido en el CRM gratuito, permite compartir enlaces de agendamiento sincronizados con Google/Office 365 Calendar.
   d. **Google Calendar / Microsoft Bookings:** Funcionalidades nativas de agendamiento que pueden ser suficientes para necesidades básicas.

Redacción jurídica: Contratos y demandas automáticas

Acelerar la creación de documentos legales, especialmente aquellos que son repetitivos o basados en plantillas. La Inteligencia Artificial puede asistir en la redacción jurídica de varias maneras:

- **Generación de Primeros Borradores:** Utilizando modelos de Inteligencia Artificial generativa (*como los que potencian ChatGPT o herramientas legales específicas*), se pueden crear borradores iniciales de contratos estándar, demandas, cartas, correos electrónicos o cláusulas específicas a partir de instrucciones en lenguaje natural o plantillas.
- **Automatización Basada en Plantillas:** Este tipo de Software para automatizar documentos (*Document Automation*) permite crear plantillas inteligentes donde los datos específicos del caso o cliente (*nombres, fechas, montos*) se insertan automáticamente en el documento final, generando documentos personalizados en segundos.

- **Sugerencia de Cláusulas:** Algunas herramientas de Inteligencia Artificial pueden analizar el contexto de un contrato y sugerir cláusulas relevantes o alternativas basadas en precedentes o en las políticas internas del despacho (*playbooks*).
- **Revisión y Mejora:** La Inteligencia Artificial puede ayudar a revisar la gramática, el estilo, la coherencia terminológica e incluso identificar posibles errores o ambigüedades en los borradores.

Beneficios:
1. Reducción drástica del tiempo dedicado a la redacción de documentos rutinarios (*hasta 90% según algunos casos*), liberando tiempo para tareas más complejas o facturables.
2. Mayor consistencia y estandarización en los documentos generados.
3. Reducción de errores de copia y pega o de omisión. Capacidad para manejar un mayor volumen de trabajo documental con el mismo equipo.

Ejemplos de Herramientas Gratuitas/Bajo Costo:

1. **IA Generativa General (con extrema precaución):**

   ChatGPT (Free/Plus), Claude, Gemini: Pueden usarse para generar borradores iniciales de cláusulas o documentos simples, o para reformular texto.

   Riesgos: Precisión no garantizada (*puede "inventar" información o conceptos legales*), confidencialidad (*no ingresar datos sensibles de clientes en versiones públicas*), necesidad de revisión experta exhaustiva.

2. **Herramientas Específicas de Redacción/Automatización Legal (Freemium/Bajo Costo/Prueba):**

   a. **Law Insider AI Tools:** Planea ofrecer una versión gratuita para sus usuarios registrados, con planes Pro/Premium a partir de $29-$49/mes, integrados en Word.

   b. **Spellbook:** Ofrece prueba gratuita, se integra en Word, utiliza GPT-4o y otros LLMs para sugerir y redactar cláusulas. Precios no públicos.

   c. **Clio Draft:** Herramienta de para automatizar documentos integrada en Word, con conexión a Clio Manage (*pero puede usarse de forma independiente*). Precios no especificados, pero Clio tiene planes iniciales accesibles.

   d. **Gavel (anteriormente Documate):** Plataforma sin código para crear flujos de trabajo y automatizar documentos. Ofrece prueba gratuita y planes desde $83/mes.

   e. **LegalMation:** Enfocado en automatizar documentos de litigio. Precios no públicos.

   f. **Amto:** Utiliza Inteligencia Artificial generativa para redactar contratos, emails, etc. Plan gratuito limitado, planes pagos desde $99/mes.

g. **Law ChatGPT:** Plataforma específica para generar documentos legales con IA. Ofrece planes prepago y suscripciones mensuales desde aprox. $10-$20 USD (*dependiendo del crédito de palabras*).

3. **Funcionalidades en Software de Gestión:** Muchos software de gestión de prácticas (*como Clio, MyCase, PracticePanther*) incluyen funcionalidades básicas de para automatizar documentos a partir de plantillas.

Análisis documental: Resumen y clasificación de expedientes

Procesar y comprender rápidamente grandes volúmenes de texto legal, como expedientes judiciales, contratos extensos, o conjuntos de pruebas documentales.

La IA, especialmente el Procesamiento de Lenguaje Natural y el Machine Learning, puede:

- **Resumir Documentos:** Generar resúmenes concisos y precisos de documentos largos (*sentencias, contratos, informes periciales, transcripciones de audiencias*), extrayendo los puntos clave y argumentos principales.
- **Clasificar y Categorizar Documentos:** Analizar automáticamente conjuntos de documentos y clasificarlos según criterios predefinidos (*tipo de documento, relevancia para un tema, presencia de ciertas cláusulas, etc.*). Esto es fundamental en eDiscovery.
- **Extraer Información Clave:** Identificar y extraer datos específicos de los documentos, como nombres de partes, fechas importantes, montos, cláusulas específicas, direcciones, etc., y estructurarlos para su análisis.
- **Análisis de Sentimientos o Tono (Potencial):** Algunas herramientas pueden analizar comunicaciones (*emails, transcripciones*) para detectar el tono o sentimiento, lo que podría ser útil en ciertos contextos.
- **Reconocimiento Óptico de Caracteres (OCR) Mejorado con IA:** Digitalizar documentos escaneados convirtiéndolos en texto editable y buscable con mayor precisión, incluso reconociendo escritura a mano.

Beneficios:
1. Ahorro masivo de tiempo en la revisión de expedientes voluminosos.
2. Capacidad para abordar casos con grandes cantidades de documentación que antes eran inviables.
3. Rápida comprensión de los puntos clave de un caso o contrato.
4. Mejora de la organización de la información. Reducción del riesgo de pasar por alto información crucial.

Ejemplos de Herramientas Gratuitas/Bajo Costo:

1. **IA Generativa General (con precaución):**

   ChatGPT (Free/Plus), Claude, Gemini: Pueden ser muy efectivos para resumir textos legales si se les proporciona el documento (pegado o subido, ¡cuidado con la confidencialidad!). También pueden intentar extraer información clave con prompts adecuados.

   Riesgos: Confidencialidad, precisión (pueden omitir detalles importantes o malinterpretar), limitaciones en el tamaño del input en versiones gratuitas.

2. **Herramientas Específicas de Análisis/Resumen (Freemium/Bajo Costo/Prueba):**

   a. **Detangle.ai:** Permite subir audio, video o texto y obtener resúmenes generados por IA. Cobra por archivo procesado, lo que puede ser costoso para grandes volúmenes pero útil para documentos puntuales.
   b. **CoCounsel (Casetext):** Ofrece funcionalidades de resumen y análisis de documentos legales como parte de su plataforma (requiere suscripción, pero puede haber pruebas).
   c. **Everlaw:** Plataforma de eDiscovery con Inteligencia Artificial para análisis y clasificación (ofrece pruebas gratuitas).
   d. **Clio Duo:** Integrado en Clio Manage, ofrece resumen de documentos y extracción de información clave. Requiere suscripción a Clio.
   e. **Briefpoint:** Enfocado en discovery, puede extraer información clave de solicitudes.
   f. **Callidus Legal AI:** Ofrece resumen de documentos, memos, discovery, etc. Tiene prueba gratuita y planes individuales desde $149/mes (con ofertas iniciales).
   g. **Herramientas de OCR:** Muchas herramientas de PDF (Adobe Acrobat, etc.) o incluso sistemas operativos incluyen OCR. Hay opciones online gratuitas o de bajo costo para necesidades básicas.

Investigación legal: Jurisprudencia y legislación automática

Encontrar y analizar información jurídica relevante (*leyes, decretos, reglamentos, sentencias, doctrina*) de manera más eficiente y exhaustiva.

Las herramientas de Inteligencia Artificial aplicadas a la investigación legal pueden:

- **Realizar Búsquedas Semánticas y en Lenguaje Natural:** Amplía el espectro de búsquedas por palabras clave, entendiendo el contexto y la intención de la pregunta del abogado para encontrar resultados más relevantes.

- **Analizar y Priorizar Resultados:** Clasificar los resultados por relevancia, identificar sentencias clave (*leading cases*), o mostrar cómo se ha citado una norma o un fallo a lo largo del tiempo.
- **Resumir Jurisprudencia y Doctrina:** Generar resúmenes de sentencias o artículos doctrinales complejos para una comprensión rápida.
- **Verificar Citas y "Buena Ley":** Algunas herramientas pueden verificar automáticamente si una sentencia citada sigue siendo válida o ha sido revocada o modificada.
- **Identificar Patrones y Tendencias:** Analizar grandes conjuntos de decisiones judiciales para identificar tendencias en la argumentación, patrones de decisión de ciertos tribunales o jueces.
- **Investigación Multijurisdiccional:** Facilitar la búsqueda de legislación o jurisprudencia comparada en diferentes jurisdicciones.

Beneficios:
Ahorro significativo de tiempo en una de las tareas más cronófagas de la abogacía. Acceso a una capacidad de investigación que antes podía requerir suscripciones muy costosas a bases de datos tradicionales o la contratación de especialistas. Mejora de la calidad y profundidad de la investigación, encontrando argumentos o precedentes que podrían haberse pasado por alto. Mayor confianza en la fundamentación de los escritos y estrategias. Capacidad para explorar nuevas áreas del derecho con mayor facilidad.

Ejemplos de Herramientas Gratuitas/Bajo Costo:

1. **Bases de Datos Públicas y Gratuitas:**

    a. **Portales Gubernamentales:** Muchos países de LATAM tienen portales oficiales donde publican legislación y, a veces, jurisprudencia de altos tribunales. Su usabilidad varía, pero son la fuente primaria y gratuita.
    b. **Legal Information Institute (LII):** Aunque enfocado en EE.UU., tiene recursos de derecho internacional y enlaces a fuentes globales.
    c. **Google Scholar:** Permite buscar artículos académicos y jurisprudencia (*principalmente de EE.UU. y algunos otros países*).
    d. **CourtListener:** Archivo abierto de documentos judiciales y audio de argumentos orales (*principalmente EE.UU.*).

2. **Herramientas con Inteligencia Artificial (Freemium/Bajo Costo/Prueba):**
    a. **Descrybe.ai:** Motor de búsqueda legal con Inteligencia Artificial que ofrece resúmenes en lenguaje sencillo

Estas aplicaciones son apenas la punta del iceberg. Su implementación puede parecer compleja al inicio, pero al aprovechar herramientas accesibles y enfocarse en mejoras incrementales, cualquier despacho puede comenzar a beneficiarse desde hoy. A continuación, unimos todo este conocimiento en un roadmap práctico para ejecutar esta transformación.

Y bueno para terminar, te presento una selección curada de herramientas, plataformas y recursos accesibles (gratuitos o freemium) que puedes comenzar a usar desde hoy para aplicar lo aprendido en este libro. Desde chatbots legales hasta CRMs, esta guía práctica está diseñada para ayudarte a actuar sin depender de terceros o inversiones costosas. Cada recurso está explicado con claridad para facilitar su implementación por parte de micro y pequeños despachos legales.

Caja de Herramientas Final – LegalTech Turbo

1. Herramientas recomendadas por tipo de uso

Tipo de Herramienta	Nombre / Plataforma	Gratuita o Freemium	Función principal
Chatbots legales	Tidio, Brevo, Crisp	Sí	Atención al cliente automatizada
Redacción jurídica IA	ChatGPT, Gemini, WriteSonic	Parcial	Borradores de contratos y documentos
Gestión de casos	Clio, PracticePanther, Lawcus	No (prueba)	Gestión integral de expedientes y clientes
CRM y automatización	Brevo, HubSpot Free, Zoho CRM	Sí / Freemium	Seguimiento de clientes, email marketing
Gestión documental (DMS)	Google Drive + UPDF AI	Parcial	Almacenamiento + extracción y resumen de datos
Transcripción / audiencias	Otter.ai, Fireflies.ai	Sí / Freemium	Transcripción de reuniones y audiencias
Agenda y booking	Calendly, Brevo Meetings	Sí / Freemium	Agendamiento automático de citas con clientes
Firmas digitales	HelloSign, DocuSign, Signaturit	No (prueba)	Firma legalmente válida de contratos

2. Recursos adicionales sugeridos:

- Curso gratuito LegalTech para abogados (FutureLearn / Coursera)
- Marco ético IA: Guía OCDE sobre Inteligencia Artificial responsable
- Plantilla editable de diagnóstico digital: (puedes crear en Google Forms)
- Blog y boletín: suscríbete a canales como Abogabot, Legaltechies o el boletín de Thomson Reuters LATAM.

3. ¿Cómo usar esta tabla?

1. Elige una categoría prioritaria según tus dolores actuales.
2. Prueba herramientas gratuitas primero.
3. Si te funcionan, define un pequeño piloto de uso.
4. Mide resultados e impacto con base en tiempo ahorrado o clientes mejor atendidos.

📌 Qué aprendiste:

Existen herramientas gratuitas, freemium o de bajo costo inicial para cada una de estas áreas, lo que hace que la adopción de la IA sea más accesible para despachos con recursos limitados.

Precaución al utilizar herramientas de IA generativa de propósito general para tareas legales, especialmente en lo que respecta a la confidencialidad de los datos y la verificación de la información.

Las herramientas específicas de LegalTech suelen ofrecer funcionalidades más adaptadas a las necesidades del sector y, en general, mayor seguridad y confiabilidad.

🍷 Pregunta estratégica:

De las aplicaciones presentadas en este capítulo ¿cuál de ellas aborda el punto de dolor más significativo en nuestro despacho y qué herramienta específica podríamos explorar para una prueba piloto de bajo riesgo ya mismo?

Capítulo 7

Uniendo las Piezas: Un Roadmap Simplificado

A lo largo de este libro, hemos explorado y analizado en profundidad los múltiples aspectos de la Transformación Digital (*TD*) y la Inteligencia Artificial (*IA*) aplicados al entorno específico de los micro y pequeños despachos de abogados en América Latina. Hemos desglosado desde conceptos fundamentales hasta aplicaciones prácticas, pasando por la identificación de beneficios tangibles, retos culturales, regulatorios y tecnológicos, así como los pasos estratégicos para iniciar, consolidar y sostener una verdadera transformación digital.

Ahora, en esta sección, nuestro objetivo es unir todas esas piezas en un roadmap integral, simplificado pero detallado, que sirva como una hoja de ruta concreta, accionable y adaptable para cualquier despacho pequeño que desee iniciar o fortalecer su viaje hacia la digitalización inteligente.

Este roadmap sintetiza las estrategias, mejores prácticas y consideraciones críticas discutidas anteriormente adicionando una visión estructurada en fases progresivas, permitiendo avanzar de manera ordenada, controlada y sostenible. Cada fase incluye objetivos claros, acciones recomendadas, herramientas sugeridas y métricas clave para facilitar el seguimiento del progreso.

Las etapas del roadmap incluyen:

1. **Evaluación y Diagnóstico Inicial:** Identificar el estado actual del despacho en términos de digitalización, eficiencia operativa y capacidades

tecnológicas. Realizar un autodiagnóstico honesto que permita visualizar brechas y oportunidades.

2. **Definición de Objetivos Estratégicos y KPIs:** Establecer metas claras, medibles, alcanzables y relevantes para la transformación, así como indicadores de desempeño que permitan evaluar los avances de manera objetiva.

3. **Priorización de Procesos Críticos y Selección de Soluciones:** Determinar qué procesos deben ser digitalizados o automatizados primero (*basándose en impacto y factibilidad*) y seleccionar herramientas tecnológicas adecuadas, considerando factores de costo, escalabilidad, facilidad de uso y cumplimiento normativo.

4. **Planificación de Recursos y Gestión del Cambio:** Asignar presupuesto, tiempo y personal para el proyecto, y diseñar una estrategia efectiva de comunicación interna, capacitación progresiva y gestión del cambio cultural.

5. **Implementación Inicial (Proyectos Piloto):** Desplegar en pequeña escala las primeras soluciones seleccionadas, enfocándose en victorias tempranas que generen confianza, aprendizajes prácticos y justifiquen el proceso de expansión.

6. **Seguimiento, Medición y Retroalimentación:** Establecer rutinas de seguimiento, medición de KPIs y recolección de feedback cualitativo para evaluar de manera continua los resultados obtenidos y las áreas de mejora.

7. **Iteración, Ajuste y Escalamiento:** Basándose en el análisis de resultados y retroalimentación, ajustar las estrategias, resolver problemas, optimizar procesos y planificar nuevas fases de digitalización o automatización.

8. **Consolidación de la Cultura Digital:** Fomentar permanentemente una mentalidad de innovación, aprendizaje continuo y mejora progresiva entre todos los miembros del despacho, asegurando que la transformación digital no sea un proyecto aislado, sino una evolución continua.

Este roadmap no pretende ser una receta rígida, sino una guía flexible que cada despacho puede adaptar a su contexto, ritmo y prioridades particulares. La clave está en iniciar con pasos firmes pero manejables, construir confianza interna mediante resultados visibles, aprender en el proceso y evolucionar de forma constante.

La Transformación Digital y la Inteligencia Artificial son, hoy más que nunca, herramientas democratizadoras. No son exclusivas de grandes corporativos ni inaccesibles para pequeños despachos. Con visión estratégica, compromiso y una ejecución inteligente, cualquier micro o pequeño despacho de abogados puede aprovechar su poder para mejorar su eficiencia, su competitividad y, sobre todo, su capacidad de ofrecer un servicio jurídico de excelencia en un mundo cada vez más digitalizado.

Fase 1: Preparación y Diagnóstico (Análisis Interno)

1. **Autoevaluación del Estado Actual (Capítulo 5 - Paso 1).**

   o   Inventariar tecnología existente.
   o   Evaluar procesos clave (manuales vs. digitales).
   o   Analizar la cultura y habilidades digitales del equipo.

2. **Identificación de Puntos de Dolor y Cuellos de Botella (Capítulo 5 - Paso 2).**

   o   Mapear flujos de trabajo principales.
   o   Detectar problemas recurrentes (tiempo, errores, frustración, quejas, limitaciones).

3. **Oportunidades de Automatización e IA (Capítulo 5 - Paso 3)**

   o   Conectar puntos de dolor con soluciones tecnológicas (automatización simple vs. IA).
   o   Priorizar según impacto y viabilidad.

4. **Exploración Preliminar de Herramientas (Capítulo 5 - Paso 4)**

   o   Investigar soluciones existentes (gratuitas/bajo costo).
   o   Evaluar funcionalidades, usabilidad, soporte, escalabilidad, seguridad.

Fase 2: Planificación Estratégica

1. **Definir Objetivos SMART (Capítulo 5 - Paso 1 del Plan de Implementación).**

   o   Convertir prioridades en metas específicas, medibles, alcanzables, relevantes y con plazo.

2. **Seleccionar Herramientas y Proveedores (Capítulo 5 - Paso 2 del Plan de Implementación)**

   o   Evaluar opciones según funcionalidad, costo, usabilidad, integración, seguridad, soporte, escalabilidad.
   o   Realizar pruebas y demostraciones.

3. **Crear un Plan Flexible (Capítulo 5 - Paso 3 del Plan de Implementación).**

   o   Dividir la implementación en fases manejables.
   o   Definir hitos, tareas, responsables y fechas aproximadas.
   o   Comenzar con un alcance limitado (*piloto*).

4. **Asignar Recursos (Capítulo 5 - Paso 4 del Plan de Implementación).**

   o Detallar presupuesto por fase.
   o Definir líder de implementación y roles del equipo.
   o Considerar tiempo de aprendizaje y adaptación.

5. **Planificar Gestión del Cambio y Capacitación (Capítulo 5 - Paso 5 del Plan de Implementación).**

   o Comunicar el propósito y beneficios al equipo.
   o Abordar preocupaciones y ofrecer diálogo abierto.
   o Proporcionar capacitación práctica y continua.
   o Establecer canales de feedback y apoyo mutuo.

6. **Integrar Seguridad y Cumplimiento (Capítulo 5 - Paso 6 del Plan de Implementación)**

   o Asegurar que las herramientas y procesos cumplan con las mejores prácticas y regulaciones (*seguridad de la información, protección de datos*).

Fase 3: Implementación y Optimización

1. **Implementar Sistema de Seguimiento (Capítulo 5 - Paso 2 de Medición y Mejora Continua)**

   o Definir KPIs alineados con objetivos SMART.
   o Establecer mecanismos de recopilación de datos (*software, hojas de cálculo, etc.*).
   o Definir responsabilidades y frecuencia.

2. **Analizar Resultados y Feedback (Capítulo 5 - Paso 3 de Medición y Mejora Continua)**

   o Comparar datos con línea base y objetivos SMART.
   o Identificar tendencias, variaciones y anomalías.
   o Recopilar feedback cualitativo (*equipo y clientes*).

3. **Iterar y Ajustar el Plan (Capítulo 5 - Paso 5 de Medición y Mejora Continua)**

   o Tomar decisiones basadas en datos y feedback.
   o Ajustar herramientas, capacitación, procesos u objetivos.
   o Comunicar los cambios y celebrar los avances.

¡Y listo!, este roadmap te ha proporcionado una estructura y una guía, pero la verdadera fuerza impulsora detrás del éxito de cualquier proceso de Transformación Digital y adopción de Inteligencia Artificial reside plenamente en ti, en tu visión, en tu capacidad de liderazgo y en tu persistencia diaria. La tecnología, por sí sola, es solo una herramienta poderosa, pero carece de propósito si no se encuentra dirigida por una estrategia clara y un compromiso humano auténtico.

Tu interés activo en explorar nuevas soluciones, tu disposición para enfrentar retos, y tu determinación para integrar la innovación en el corazón de tu despacho serán los factores determinantes que marcarán la diferencia entre una transformación superficial y una verdadera revolución interna. Más allá de la implementación de sistemas y herramientas digitales, el verdadero cambio implica liderar con el ejemplo, inspirar a tu equipo, fomentar una cultura de aprendizaje continuo, y mantener siempre en el centro de la estrategia la experiencia y el valor que entregas a tus clientes.

El camino no estará exento de obstáculos: aparecerán resistencias naturales al cambio, surgirán problemas técnicos imprevistos, y algunas iniciativas podrían no ofrecer los resultados esperados de inmediato. Sin embargo, cada reto superado, cada ajuste realizado y cada pequeño avance consolidado fortalecerán las bases de un despacho más ágil, competitivo y resiliente.

Recuerda siempre que la Transformación Digital y la Inteligencia Artificial no son un destino fijo, sino un viaje permanente de evolución, mejora y adaptación. El mercado, las tecnologías y las expectativas de los clientes seguirán cambiando, y solo aquellos despachos capaces de aprender, adaptarse y liderar el cambio de manera proactiva se mantendrán relevantes y exitosos.

Tú tienes ahora en tus manos un mapa claro, una estrategia práctica y un conjunto de herramientas concretas para iniciar esta evolución. Lo que sigue es actuar, experimentar, medir, ajustar y perseverar. Cada paso, por pequeño que parezca, es un avance hacia la construcción de un despacho más inteligente, más eficiente, más humano y mejor preparado para los desafíos del futuro.

La tecnología pone el potencial en tus manos. Tu liderazgo convertirá ese potencial en realidad.

Este roadmap es solo el punto de partida. Lo más importante es adaptarlo a tu contexto, comenzar con pasos realistas y generar una cultura interna de mejora continua. En el próximo capítulo abordaremos las conclusiones y la visión a futuro de esta transformación.

📌 Qué aprendiste:

El roadmap simplificado para la TD e IA en despachos pequeños se divide en tres fases principales: Preparación y Diagnóstico, Planificación Estratégica e Implementación y Optimización.

La Fase 1 (Preparación y Diagnóstico) implica la autoevaluación del estado actual, la identificación de puntos de dolor y oportunidades, y una exploración preliminar de herramientas.

La Fase 2 (Planificación Estratégica) se centra en definir objetivos SMART, seleccionar herramientas y proveedores, crear un plan flexible, asignar recursos, planificar la gestión del cambio y la capacitación, e integrar la seguridad y el cumplimiento.

La Fase 3 (Implementación y Optimización) incluye implementar un sistema de seguimiento de KPIs, analizar resultados y feedback, iterar y ajustar el plan.

La implementación exitosa requiere liderazgo, compromiso humano, una cultura de aprendizaje continuo y un enfoque centrado en el cliente.

La TD e IA son un viaje continuo de evolución y adaptación, no un destino fijo.

🔴 Pregunta estratégica:

Considerando este roadmap simplificado, ¿cuáles son los dos o tres primeros pasos más críticos y factibles que nuestro despacho puede dar en la Fase 1 (Preparación y Diagnóstico) durante el próximo mes para sentar las bases de nuestra estrategia de Transformación Digital e Inteligencia Artificial?

Capítulo 8

Conclusiones

A lo largo de estas páginas, hemos recorrido un trayecto esencial y estratégico para comprender, adoptar y aprovechar de manera inteligente la Transformación Digital (*TD*) y la Inteligencia Artificial (*IA*) en el sector legal, especialmente enfocados en el contexto de los micro y pequeños despachos de abogados en América Latina. Hemos demostrado que estas tecnologías, lejos de representar una amenaza que suplante la práctica jurídica tradicional, emergen como aliados poderosos que ofrecen una oportunidad histórica para **optimizar procesos internos, mejorar sustancialmente la experiencia del cliente, abrir nuevas líneas de negocio innovadoras y garantizar la sostenibilidad y el crecimiento** en un entorno cada vez más dinámico, competitivo y demandante.

Hoy, el futuro del derecho ya no se define por la mera capacidad de resistir los cambios tecnológicos o mantener prácticas tradicionales inalteradas. El éxito radica en la **habilidad para anticipar las tendencias, adoptar de manera proactiva las innovaciones tecnológicas y adaptarlas estratégicamente a las realidades, necesidades y ambiciones** particulares de cada despacho. Aquellos que logren comprender profundamente el enorme potencial de la TD y la IA, que se comprometan a invertir en herramientas tecnológicas, en el desarrollo de competencias digitales sólidas entre sus equipos, que prioricen consistentemente la ética profesional y la protección rigurosa de los datos personales y sensibles, y que mantengan el enfoque centrado en ofrecer valor superior y diferencial a sus clientes, serán los que marquen la pauta y construyan un legado perdurable de innovación, confianza, liderazgo y excelencia en la nueva era digital.

Este libro no debe interpretarse como un punto final, sino más bien como un punto de partida sólido, inspirador y estratégico. La Transformación Digital y la Inteligencia Artificial no son metas en papel que se alcanzan en una etapa y listo me olvido; son procesos vivos y dinámicos, campos de conocimiento y acción en evolución continua, impulsados por el vertiginoso avance tecnológico, las expectativas siempre crecientes de los clientes y la constante transformación del ecosistema jurídico, empresarial y social.

El aprendizaje y la evolución en este terreno no se detienen. Cada nueva herramienta tecnológica, cada actualización legislativa relacionada con la protección de datos o la práctica legal digital, cada innovación en modelos de prestación de servicios jurídicos, representa un desafío y una oportunidad invaluable para adaptarse mejor, mejorar capacidades, optimizar procesos y crecer de manera sostenida. Sin embargo, lograrlo exige más que tecnología: requiere visión estratégica, liderazgo consciente, compromiso genuino con la mejora continua y una mentalidad profundamente abierta al cambio y la innovación.

Con las bases adecuadas —una cultura organizacional orientada a la transformación, una gestión estratégica de proyectos de innovación, la inversión inteligente en recursos digitales y humanos, y un compromiso firme con la excelencia, la ética y el servicio centrado en el cliente—, los micro y pequeños despachos de abogados tienen ante sí una oportunidad real y tangible no solo de sobrevivir, sino de prosperar, diferenciarse, liderar y ser protagonistas activos de la evolución del sector legal en América Latina.

El momento de actuar no es mañana, ni en un futuro lejano: el momento de actuar es ahora. La decisión está en tus manos. El futuro del derecho no será definido por quienes simplemente se adapten a regañadientes, sino por quienes se atrevan a liderar el cambio con audacia, preparación y propósito claro.

LegalTech Turbo no es solo un libro. Es una ruta.

¡Que este sea apenas el primer paso de un largo, apasionante y exitoso camino de transformación, liderazgo, innovación y creación de un legado jurídico digital de impacto y trascendencia!

📌 Qué aprendiste en este libro:

Fundamentos de la TD y la IA: Comprendiste qué son la Transformación Digital y la Inteligencia Artificial, su historia y por qué son importantes hoy en el sector legal, especialmente en LATAM.

Contexto Global: Obtuviste una visión del panorama global de la adopción de TD e IA en despachos de abogados, incluyendo tendencias actuales y específicas para Latinoamérica, así como el impacto en la profesión, los despachos, los clientes y el sistema de justicia.

Beneficios Tangibles: Identificaste los beneficios explícitos de la TD e IA para pequeños despachos, como la reducción de costos operativos, la mejora de la eficiencia y la productividad, la personalización de la atención al cliente y la creación de nuevas oportunidades de negocio.

Retos y Consideraciones: Reconociste los desafíos clave para la implementación, incluyendo costos iniciales y continuos, la necesidad de capacitación y gestión del cambio cultural, y las consideraciones de privacidad, ética y regulación.

Primeros Pasos: Aprendiste sobre el proceso inicial de diagnóstico, incluyendo la autoevaluación, la identificación de puntos de dolor y oportunidades, la exploración de herramientas y la elaboración de un plan de implementación esencial.

Medición y Mejora Continua: Comprendiste la importancia de establecer KPIs, implementar sistemas de seguimiento, analizar resultados, recopilar feedback cualitativo e iterar el plan para asegurar una mejora continua.

Aplicaciones Prácticas de la IA: Exploraste aplicaciones concretas y accesibles de la IA en áreas como atención al cliente (chatbots, agendamiento), redacción jurídica (automatización de documentos), análisis documental (resumen, clasificación) e investigación legal.

Roadmap Simplificado: Obtuviste una hoja de ruta integral para la implementación de la TD e IA en fases progresivas, desde la evaluación inicial hasta la consolidación de una cultura digital.

🔴 Pregunta estratégica para tu despacho:

Considerando todo lo que has aprendido en este libro, ¿cuál es el cambio más significativo y de mayor impacto que podríamos implementar en nuestro despacho en los próximos 12 meses utilizando la Transformación Digital o la Inteligencia Artificial, y qué primer paso concreto y de bajo riesgo podemos dar hoy para comenzar a hacerlo realidad?

ÍNDICE

www.ingramcontent.com/pod-product-compliance
Lightning Source LLC
LaVergne TN
LVHW022354060326
832902LV00022B/4448